わたしの暮らし、かえる、かわる。

OURHOME

整理収納アドバイザー
Emi

PHP

子どもが小さいころは、
手軽なフェイクグリーンで
十分だったけれど、
近ごろは、
生花の素敵さに気がついた。

暮らしもかわる、
こころもかわる。

家族との
何気ない暮らしを残すアルバム。
毎年、家も家族も暮らしも、
少しずつかわっていく。

かえる、かわる、
かわっていく。

はじめに

「いつもポジティブですね！」「とっても前向きですね」

整理収納アドバイザーとして活動する私は、レッスンやセミナーでお会いするお客様に、ありがたいことにそう言っていただけることが多いのです。

でも本当は、仕事がうまくいかなくて落ち込むこともあるし、現在6歳の双子を育てるなかでも、仕事と家庭のバランスで悩んだことも、振り返ると、やっぱりあります。

そんなとき、ぐっと落ち込むのではなく、ぐっと気持ちを切り換えられたらな！と、日々心掛けるようにしています。

仕事をするなかで、「こころと空間はつながっている」と感じる瞬間がたくさんあります。

気持ちをすぐに切り換えるのが難しいときは、部屋やカバンの中を整理すると気持ちも整います。逆に、なかなか部屋が落ち着かないときは、頭や気持ちの整理をしてから進めるとうまくいく日もあります。

こころがかわると、暮らしがかわる。
暮らしがかわると、こころがかわる。

かえる、
かわる、
かわっていく。

この本では、すべての章で「かえる」をキーワードに、暮らしの整え方、自分自身や仕事への向きあい方、日々の心がけの方法について、ひとつの本にまとめました。
家事の合間に、寝る前に、朝はやめに起きたとき、すこし疲れたなと感じたときなどに、めくっていただき、心に留まることがあれば幸いです。

わたしの暮らし、かえる、かわる。目次

第1章 帰るのが楽しみになる家

第2章 自分を振り返る

第3章 こころのスイッチを切り換える

第4章 仕事の向きあい方を変える

第5章 物事とのつきあい方を変える

M T W T F S S
1 2 3 4
5 6 7 8 9 10 11
12 13 14 15 16 17 18
19 20 21 22 23 24 25
26 27 28 29 30 31
a.
b.

第1章

帰るのが楽しみになる家

家は何のためにある？

私にとっての「家」とは。

家族みんなが、「ただいま！」と帰りたくなって、「また明日もがんばろう！」と思える場所でありたい。家族のコミュニケーションがとれて、風通しの良い家、が理想です。

今年、小学1年生になったわが家の双子たち。学校から帰ってきた娘が急に、

「わたしの『たからもの』、なんやとおもう〜？」

と聞いてきました。

「うーん、このあいだ上手につくれたブローチ？　それとも、誕生日にもらった人形かな？」

すると娘が、「ちがうよ〜、かぞく！　かぞくだよ〜」と言ったのです。

なんだか、とっても嬉しくて、思わず涙が出そうになりました。

毎日の暮らしのなかで、親である私たちは仕事と家事と育児と、そして子どもたちは学校や習い事、それぞれが一生懸命がんばっています。

帰ってきたときにホッとできる家族であり、疲れたこころとからだを大きく受け止められるような家でありたいな、と改めて思った瞬間でした。


結婚10年を迎えた夫とは、仕事も一緒。ほぼ24時間同じ環境のなかで、時々けんかもするけれど、仕事のことだけではなく、家のことや家族のことをよく話しあうようにしています。

何気ない会話から、「どんな家にしたい？」と、インテリアや収納のことを話しあい、10年経って思うのは、「家について考える」ことは、「どんな家族でありたいかを考える」ことだったんだと、気がつきました。


家族のシアワセは、暮らしの基本となる『家』から。

ご家族にとっての『家』とは、どんなものですか？

模様替えは子どもと一緒に

「きょうはなにをうごかすん～？」

息子が3歳のころの言葉です。「今日は何を動かすの？」と聞いてきました。

何を動かすかというと、それは、家具。

息子は、「おかあさん、模様替えしよう～」と言っていたのでした。


私は、小学生のころ、趣味を聞かれたら、必ず「模様替え」と答えるような子どもでした。

どうやらそのDNAは、息子に受け継がれているようなのです。


テレビで見るおしゃれな注文住宅や、雑誌に出てくる素敵なマンション。あれもいいな、これもいいなと、自分の家と比べてしまったり。そんなとき、ふと自分の家を見渡して、「ないモノ」ばかりが目についてしまうことってありますよね。「うちには、あんな最新の設備はないしなあ」「うちは狭いから」……。

でも、どうしたってすぐに引っ越しはできないし、家具だってすぐに新しいものに買い替えるわけにはいきません。そんなとき、いますぐにできることは、模様替え。

収納アドバイスをさせていただくお客様の話を伺うと、そういえば、家具を動かしたことなんてここ数年なかった……という方も結構いらっしゃるのです。

たとえばテーブルの向きを変えたり、ソファーの位置を変えるだけでも、いつも見慣れていた部屋がすごく新鮮にうつります。

わが家は、それを、子どもと一緒に、「思い立ったらすぐやる！」をモットーとしています。お金はかからないし、子どもの遊びとも捉えられる。さらに、家具を動かしたことで、またいつか、と思っていたホコリの掃除もできて一石三鳥。

誰かの家と比べて、「ないモノ」ばかり数えるのではなく、いまあるモノの見方を少し変えて模様替えをするだけで、わくわくする空間になり、帰りたくなる家につながるのではないでしょうか。

子どもたちと一緒にDIYした机。気分転換に模様替え。向きを変えるだけでも新鮮です。

自分たちで暮らしをつくる

住まい選びの決め手というのは、人それぞれ。迷ったり悩んだりしながら、夫婦で話しあい、家族にとってのベストなところを見つけていきますよね。

5年前に、現在の住まいである中古マンションを購入したのですが、私たち夫婦にとって、住まい選びの決め手はわりと明確でした。

自分たちの力で「変えられるもの」と「変えられないもの」を考えること。

モデルルームや中古マンションを見に行くと、営業の方は色々と良い点をすすめてくださるので、混乱して頭がいっぱいいっぱいになります。

そんなとき、つい、点で気になるところが出てくるものです。

「床の色が気に入らない」「壁紙がちょっと変」「ここに収納スペースがもっとついていたらいいのに！」……。

なんとなく、わかりやすい見た目で判断をしてしまいそうになるのですが、物事には「変えられないもの」と「変えられるもの」があります。

私たちの基準では、立地、マンションの外観、住んでいらっしゃる方の雰囲気、これらは自分たちの力では「変えられないもの」です。

だから、ここにはとてもこだわりました。子育てしていくうえで重要な要素です。

逆に、マンションの内装、部屋の間取りは、「希望のものでなくてもよい！」と割り切っていました。それは、自分たちの力で変えられる可能性があるものだからです。

だから、床の色が多少気に入らなくても、間取りが好みでなくても、そこはきっといつか変えられる！　せっかくの機会なので、「自分たちで家をつくっていこう！」と、計画がスタートしました。

わが家の場合、以前の住まいは築25年の賃貸マンション。そこも、原状回復できる範囲でDIYをして自分たちなりにお気に入りの空間をつくりました。そして、いまの住まいに引っ越すときは、持ち家になるということもあり、思う存分自分たちの手で、好みの空間をつくりたいな、という想いがありました。

最終的に選んだ中古マンションは、ベージュの壁紙、濃いブラウンの床。それはそれで素敵なのですが、私たちの好みではありませんでした。当時2歳の双子たち、そして夫の両親の力も借りて、5畳の子どもスペースの壁紙を塗るところからスタート。

丸1日かかって仕上がった真っ白な壁。うっとりするほど素敵な白で、雑貨や家具を置いてもとても映《は》えるのです。

そこから、1年ほどかかって1室ずつ、家族で力を合わせて壁を塗っていきました。床には、ライトグレー色のタイルカーペットを自分たちで敷き詰めて——。

自分たちの好みでなければ、自分たちの好みに近づける努力をする。

古いから、狭いから、暗いから、というイメージをいったん受け入れて、自分たち家族の力を合わせて少しずつ理想に近づけていくことは可能だと思うのです。

価値観も、感覚も少しずつ変わっていきます。いまは大満足！な内装も、また年を経ると変わっていくかもしれません。

そのときそのときの、自分たち家族にとってのベストなカタチを模索し、暮らしをつくっていくことは、きっと、家族をつくっていくことにつながるのだと思います。

子ども部屋の壁をグレーに塗り替え。週末のたった1時間で完成。手軽に気分を一新できます。

家族への言葉は、ポジティブに言い換える

性別も性格も違う家族が、ひとつ屋根の下で暮らしていれば、小さな揉《も》め事から大きなけんかまで、色々なことが起こります。家族4人で暮らしているわが家でも、

「なんでまたエアコンつけっぱなしなん！」

「鼻をかんだティッシュはゴミ箱に捨ててって言ったやん！」

と、ついつい、小言を言いたくなってしまうこともあるのが正直なところ。

だけれど、小言を言ってしまいそうなときは、ちょっとだけ意識をして、家族への不満を少しこらえて、私は、ものすごく大げさに、まるで女優になったつもりで振る舞います。

「え〜！　エアコンがついてる〜！　次はエアコン消してくれたら嬉しいな〜」

「ひゃ〜！　こんなところに鼻かんだティッシュが〜！　踏んじゃった〜」

すごく派手な身振り手振りも交えると、「おかあさん、おおげさ〜」なんて言いながらも、子どもたちに笑いが生まれるのです。そうすると、笑いの延長のなかで、「わすれてた、ごめんごめん！」と素直にしてくれることもあったりします。もちろん、しぶしぶのときもあるけれど、それでも険悪なムードになるよりはいい。子どもは聞いていないようで、きっと聞いているはずだから。

怒って伝えることは一時的には効果があるかもしれないけれど、子どもも私も、なんだかいや〜な気持ちだけが残ってしまうのですよね。

「言われたから、やらなきゃならない」ではなく、今度からは自分でできたらいいな、そんな願いを込めて。

それから私は、相手を不安にさせるようなことは、できるだけ言わないことも心掛けています。

「ほら、これができないと小学生になれないよ！」

「ご飯食べないと大きくなれないよ」

同じことだけれど、ポジティブな言葉で言い換えてみるとこんな感じです。

「ほら、これをがんばったら小学生になっても楽しく過ごせるよ！」

「ご飯をたくさん食べたら、もっと大きくなれるよ！」

できるだけ、ポジティブな言葉で伝えるようにします。

不思議だけれど、こうするだけで、大人も子どももすごく気持ちが変わるんですよね。

家族だから揉めることはもちろんあるけれど、同じことならできるだけ気持ちが良い言葉のほうがいい。

模様替えをしたり、モノを整理するのも気持ちの切り換えには大切だけれど、それをするのも今日は億劫《おっくう》。そんな日でも、すぐにできて家族がちょっぴりシアワセになれるのは、言葉を言い換えることではないでしょうか。

「電気を消して！」ではなく、「消してくれてありがとう」。嬉しい気持ちが広がるように心をこめて。

子どもと一緒に考えよう

「娘の部屋を何度模様替えしても、愛着を持ってくれないんです」とのご依頼で、わざわざ名古屋から大阪までカウンセリングにいらしてくださった整理収納好きなお客様。

この方のお悩みに対する答えは、お部屋の写真を拝見せずとも、いただいたメールの文章を見たときに、なんとなくわかりました。

「娘の部屋を、私の思うようにしたい！」という整理収納好きなママの想いが先走りしていて、娘さんと一緒に考えよう、一緒に取り組んでみようというお気持ちが、メールの文章からはどこにも見当たらなかったのです。

大阪のとあるカフェで2時間、ゆっくりとお話をさせていただきました。

お持ちいただいたお部屋の写真を拝見すると、やはりとてもスッキリと片付いています。

それでも、お客様自身の心は何かにモヤモヤ……。

まずお伝えしたのは、「お部屋をもっと良くしたい！」というお気持ちは、とても素晴らしいと感じたこと。そのうえで、「その模様替えはお子様と一緒にされていますか？」と伺いました。すると、「仕事が休みの日、子どもが学校に行っている間にすませています」とのこと。「きれいになったのに、娘は部屋に愛着を持っていないし、私の部屋にばかり来たがるのです。夜もひとりで部屋で寝てほしいのに、なかなか自分の部屋で寝ない」と。

聞けば聞くほど、娘さんの本当の想いを感じるものがありました。

「ママと一緒に時間を過ごしたい」

「ママと一緒に寝たい」

お会いしたことはないけれど、「娘さんはそう思っているのではないかな？」と感じます。

そのことをそれとなく話したところ、ハッとされたような様子です。

そこで、まずは今回の模様替えは、お客様ひとりではなく娘さんと一緒に取り組んでもらうよう伝えました。どんな部屋にしたいと思っているのか、雑誌やインターネットを見ながら、娘さんと一緒にアイデアを出しあうこと。そして、一緒にモノの整理をし、一緒に位置を決めること。お客様は涙を流しながら聞いてくださいました。その後、お客様からメールをいただきました。

「収納のことだけでなく、その奥にあった私が本当にやらなければならないことにまで気づくことができました。いつもみたいにひとりでやるよりも時間はかかりましたが、娘と楽しい時間を過ごしながら、ふたり共が大満足の部屋が出来上がりました。

娘がとても気に入っているのが見ていてわかり、私も幸せな気分です。

不思議なもので、このお部屋を見ると、娘に早く会いたくなるんです。

本当に不思議ですね。一緒に取り組むことがこんなに大切なことだとは思いませんでした。」

お部屋の片付けと一口にいっても、すべては家族のコミュニケーションとつながっています。ひとりで考えずに一緒につくることが、家族をつくることにつながるのだと思います。

片付けは、やりたいことをすぐにやるために

整理収納アドバイザーという肩書きで仕事をしていますが、家がいつもスッキリ綺麗に片付いているわけではなく、家族4人で暮らしていれば、当然のことながら散らかります。でも、散らかっていてもあまりストレスを感じないのが、わが家の特徴かもしれません。

なぜなら、散らかったとしても、すぐに元に戻せる仕組みを整えているから。

家にあるモノは、すべて住所が決まっていて、扉のないオープン収納が基本です。家族みんなが一目見てどこに何を戻すかがわかるようになっています。

寝る前、出かける前に、「元に戻す」だけで、いつものスッキリ状態に。

片付けることが目的ではありません。

「片付けは何のためにするのでしょうか？」と聞かれたら、私は「やりたいことをすぐにでき

るために片付けます」と答えます。


子どもが「お絵描きしたい！」と思ったら、すぐ色鉛筆をとれるように。

「刺繍《ししゅう》がしたいな！」と思ったら、裁縫道具がすぐ出せるように。

「爪を切りたいな」と思ったら、爪切りがすぐ使えるように。


何かを「やりたいな！」と思ったときに、スムーズにできる。これが、シンプルだけれど、実はとっても大切なことだと思うのです。

やりたいことがすぐできれば、ストレスは少なくなる。そして、そのために、片付ける、モノを元に戻すのも、できるなら子どもと一緒に楽しみながら、が理想です。


「よしっ！　5分タイマーセットしたよ～！　よ～い、どん！」

わが家は、最近、タイマーをセットし、5分間みんなでお祭りのように片付けています。

色鉛筆を文房具の引き出しに。

床に落ちたゴミをゴミ箱へ。

出しっぱなしの雑誌を本棚に。

飲みかけのグラスをシンクへ。


5分間、みんなで必死に片付ければ、意外や意外、時間が余ったりもします。時間内にクリアできたときの達成感は爽快です！

このときに大事なのは、子どもだけではなく親も一緒に片付けること。

ソファーに座ったまま、子どもに指示を出すのではなく、親も一緒に楽しそうにやる！のがポイントです。

タイマーをかけてモノを元に戻すことなら、いまからでもすぐにできるはず。

明日の朝を気持ち良く迎えられるように、帰ってきても気持ちがいいように、ぜひ、一度家族みんなで「5分片付け」をやってみてくださいね！

子どものアイデアが、子どもを動かす

新入学を機に、「子ども部屋をつくろう」ということになり、子どもたちからいろんな意見が出てきたとします。

「僕は2段ベッドが欲しい！」

「私は新しい机を買ってほしい！」

「ここにランドセルを置いたらいいと思う！」

そんなとき、どんなふうに答えますか？

「いやいや、2段ベッドはお金がかかるからダメよ」

「机、もう持っているじゃない！」

「ここにランドセルを置いたら、邪魔よ。あっちにしなさい」

子どもが出したアイデアに、ついつい先回りして結論を出してしまいがちですよね。レッ

スンにいらっしゃるお客様のなかにも、このように答えてきたとおっしゃる方は少なくありません。

私は、前職の商品企画の仕事のとき、少人数でアイデア会議をしてきた経験がいま、子育てや仕事にとっても役に立っています。

ルールはひとつ。

「出てきたアイデアを否定しない」ということ。

人間誰しも、否定されると、考えることをやめてしまいます。「それなら考えても無駄」「意見を出したって採用されない」。そんな雰囲気が広がれば、会議はシーンと静まり、誰からも意見が出なくなってしまうのです。だからまずは、アイデアを広げて広げて広げきる。そして、そのときの優先順位や現実感に落とし込んで、ひとつのカタチにしていく。

それは、家族のなかでも全く同じことだと思うのです。たとえばさきほどの返答なら、こんな感じです。

「いいよね〜、2段ベッド！　おかあさんも昔欲しかったよ〜」

「新しい机、たしかにね〜。それもいいね〜」

「斬新〜！　ちょっと足に引っ掛かりそうだけど、そこに一回置いてみてもいいかもね！」

とんちんかんなアイデアだったとしても、いったん受け止めてみる。お金のかからないアイデアなら、そのとおりにやってみるのもいいかもしれません。

ランドセルを希望の位置に置いて、子どもが本当にその位置がいいならそれでいいと思うし、足が引っ掛かって邪魔、そう思ったならまた変えればいい。

やってもみないうちから、親が勝手に判断するのは、子どもの考える力を奪ってしまいます。

「それもいいし、こっちもいいよね！」

親は否定せず、アイデアを受け止めてカタチにする。それを繰り返すことで、子どものアイデアを出す力もどんどん育っていくのだな〜と。わが家もまだまだこれからですが、そう感じはじめたこのごろです。

もっと大きくなって、夫や私のアイデアを超えて、素敵な意見が飛び出す日も近いかもしれません。

子どもたちで好きな色を選んだピカピカのランドセル。自分たちなりにランドセルの収納を考えている様子。

家族を責めずに、環境を変える

「靴を揃えなさ〜い！」「どうして早く支度《したく》できないの？」。家族に声を荒らげてしまって悩んでいる方、よくいらっしゃいます。

家族を責めるとはじまるのは……、そう、けんかです。

相手の気持ちを変えるってすごく難しい。そこに立ち向かうには、ものすごくパワーが必要ですよね。だから私がいつも意識しているのは、「家族を責めずに、環境を変える」ということ。

靴を揃えられない子どもが悪いわけではない。

しつけができなかった私が悪いわけではない。

「だ〜れも悪くなく、ただ、靴を揃えたくなる環境じゃなかっただけなんだ！」と思うようにするのです。誰かを責めるのではなく、「靴を揃えたくなる環境ってどんなことだろう？」

そう考えたり行動することのほうにパワーを使います。

わが家の場合は、玄関に靴の型を書いた紙をクリアファイルに入れて置いてみたところ、子どもたちが「なにこれ〜！」と喜んで靴を揃えてくれました。いつかはこのシートがなくてもできるようになるのが理想だけれど、まずは「靴を揃えること」を意識する良いきっかけになりました。

そして先日は、夫がエアコンをつけっぱなしで寝てしまい、「も〜！　電気代すごくかかってると思う！」と言ってしまいました。「忘れるときもあるやん！」と言い返されてしまい、とっても険悪なムードに……。そうだそうだ、夫を責めてもなにもはじまらない。

そこで私が思いついたのは、エアコンのタイマー機能を使うこと。寝る時間になったら自動で消えるように設定しておけば、消すのを忘れても問題ないし、これならバッチリ！

「さっきはごめん、言いすぎた〜。これからはタイマーを設定しよう！」

そうすると、夫が設定をしてくれて、仲直りをしました。

こんなふうに、日常のささいな出来事も、環境から変えていくことによって、家族がまるくなっていくのではないかな、と。これからもずっと意識しておきたいことのひとつです。

自分が使いやすい収納を見つめてみる

収納カウンセリングを行うと、みなさん「おもちゃの収納に困っているんです」「キッチンのここが使いにくいのですが、どうしたらいいですか?」と、まずお困りの内容を色々と挙げてくださいます。みなさんとっても一生懸命です。解決へ導くためには、もちろんお困りの内容も大事なのですが、一通りお話を伺ったうえで、私はこう質問します。

「ご自宅の中で、『使いやすい!』と感じている収納場所はどこですか?」

するとみなさん、ハッ!とされます。いままでは、プロのアドバイザーに、「自分の困っているところを解決してほしい!」と、困り事や悩みばかり考えてきた。「使いやすいところは?」と聞かれて、はじめて家のなかを振り返ってみた、という方がほとんどです。

私の経験上、どんなお住まいの方でも、必ずひとつやふたつ、使いやすいと感じておられるところがあります。

「リビングはいつも散らかっているけれど、玄関の靴はいつもちゃんとしまえている」

「洗面所の棚のタオルのところは、いつも綺麗な状態がキープされている」

ここに解決のヒントが隠されています。「なぜ玄関は片付けやすかったのか？」「なぜ洗面所のタオル収納は使いやすいと感じていたのか？」と掘り下げて伺ってみると、その方のお宅の玄関の下駄箱にも、洗面所のタオルの収納場所にも扉がついていないことがわかりました。扉がないオープン収納。だから、靴やタオルをさっと元に戻せていたのですね。

ということは、いつも散らかりがちなリビングの棚も、扉をはずしてオープン収納にしてみれば、解決するかもしれない。

こんなふうに、できていないこと、困っていることばかりを考えていくのではなく、できているところ、自分が使いやすいと感じているところを見つめてみて、それを他の場所にも応用すると片付くことがあるものです。

みなさんにとって、家の中で使いやすい収納場所はどこですか？　そこはどうして使いやすいと感じているのでしょうか。一度、家族で話しあってみると新しい発見があるかもしれませんね。

わが家の使いやすい場所はオープン収納。タオルをサッと取り出せたり、洗濯物をポイッと放りこめます。

収納のルールは家族でつくる

「下駄箱に掃除グッズを入れているのって、間違っていますか？」

「文房具を細かく分けて収納しているんですが、正解ですか？」

レッスンにお越しいただくお客様から、こういった質問をいただくことがあります。

ご家族のために、おうちのためにと、みなさん一生懸命に考えていらっしゃることがとてもよく伝わってきます。けれど、私がお答えするのはいつも同じ。

「正解かどうかは、ご家族のルールで決めてしまっていいのですよ」

よく、「何が正しいかを知りたい」「誰かに決めてほしい」「答えを教えてほしい」と考えてしまいがちですが、本当は、そのおうちで暮らしているご家族にとって納得できるルールが一番の「正解」なのです。

以前、あるテレビの企画で、昔ながらの団地にお住まいの6人家族から「洗濯動線をなんとかしたい！」とご依頼をいただきました。

私は、最初からアイデアや解決策をお伝えするのではなく、まずは、ご家族でどんなことに悩み、どう解決していくのかを話しあっていただくスタイルを提案しました。

すると、「洗濯乾燥機の横にタンスを置き、乾いた洗濯物をすぐそこに収納しよう」というアイデアが出てきました。ご家族みんな、最初は「それいいね！」となったものの、実は、そのタンスの置き場所は、玄関の扉をあけてすぐの位置だったのです。奥様はしだいに、「でもやっぱり玄関あけてすぐタンスなんて、変じゃないかな……」と心配になってきました。

そこで私が、「他の誰でもない、自分たちが『良い！』と思ったなら、それが良いと思いますよ」と一言だけアドバイスすると、奥様のお顔が晴れやかになりました。

お住まいのカタチも、家族構成も、生活スタイルも、ご家庭によって違います。

だから、収納も違って当たり前なのです。そして、あるとき良い仕組みができたとしても、家族が増えるたび、暮らしが変わるたびに、どんどん変わっていくもの。整理収納にゴールはありません。自分たちの「いま」にとって良いカタチを考えていく。それは実はとってもシアワセなことなのだと思います。

40

第2章

自分を振り返る

自分を振り返り、いまの自分を知る

十数年ほど前のこと。就職氷河期だった私たちの世代。「就職活動には自己分析が大切！」と言われ、自分と向きあうことを求められました。

自分はどんなことをしたいのか？（want）
自分はどんなことができるのか？（can）
自分はどんなことをしなければいけないのか？（must）

この3つがうまく重なりあったところを見つけると、人生がうまくいく。とはいえ、なかなか自分のことって客観的に見るのは難しいものですよね。
ぼんやり考えていても答えはなかなか出てこない。私は、ノートに書き出してみたり、友人に、自分はどんな性格かを聞いてみたり。とにかく、紙に書いたり、口に出したりすることからはじめました。

そこから、もう長い間、この3つの視点で「自分を振り返る、見つめる」作業を繰り返し行っています。そのときそのときで、面白いくらいどんどん変わっていくものなのです。

昔の私はわりと細かいことも好きで、几帳面《きちょうめん》なほうだったと、学生時代、そして社会人のはじめのころを振り返ってもそう思います。ところが、27歳のときに双子が生まれ、仕事を再開し、フリーランスになってからは、やらなければいけないことも増え、自分の性格がどんどん大雑把《おおざつぱ》になり、そして「面倒くさがり」へと変わっていきました。

そんななかで、最初は、昔のように細かく几帳面にできない自分に落ち込んだり、自分の変わりように気持ちがついていかなかったりしたこともありました。だけれど、その都度「いまの自分」を見つめることを繰り返し、「面倒くさがり」である自分を受け入れました。

そして、「面倒くさいからこそ、工夫する自分」がいることにも気がついたのです。

扉つきの家具。開閉するのが面倒なら扉をはずしてオープン棚として使ってみよう。トイレマットやスリッパを洗濯するのが大変なら、いっそ持たないという選択肢だってある。

そうした「ラクをする仕組み」を積み重ねたことで、時間にゆとりが出てきました。すると、やりたいこと、やってみたいことがたくさん生まれたのです。

思えば、私の場合は何でも几帳面に行っていたころは、やるべきことも、やりたいことも、そして、できることも少なかったのですよね。いまは、この3つともどんどん広がっているのを感じます。

自分も暮らしも、どんどん変化していきます。うまくいかないなあと、ふと感じることがあれば、そのときそのときの「いまの自分」って何だろう？と、立ち止まって、振り返り、受け入れ、次へと進む。この繰り返しが、より良い自分と暮らしをつくっていくのだと思うのです。

「いまの自分は、どんなことをしたい？　どんなことができる？　どんなことをしなければいけない？」。一度メモとペンを持って、振り返ってみれば、これまでとは違う自分の一面に気がついたり、よりよい暮らしのヒントが見つかるかもしれません。

面倒くさがりが集まるわが家には扉つきの家具はほとんどありません。オープンラックに箱やかごを置き、ざっくり収納。

記録する、そして続ける

2004年に新卒で入社したとき、A5サイズのノートを使って、記録を書きはじめました。自分が感じたこと。商品企画で思いついたアイデア。暮らしの工夫。これからやってみたいこと。反省して次に活かしたいこと。ジャンル分けをあえてせず、ただ、時系列に、感じたこと、起きた出来事を書き綴《つづ》るだけのノート。いまでは「マイノート」と呼び、持ち歩きも考えて薄いものを選んでいます。丁寧に書いている日もあれば、走り書きの日もあったり。その日の感情や様子が、文字や書き方から見てとれます。

当初は、長く続けようと思ってはじめたわけではないけれど、いつのまにかそのノートは50冊を超えました。この自分を振り返るマイノートのおかげで、私はブログをはじめ、そして会社を辞め、独立していまがあると思っています。

去年から息子が、サッカーをはじめました。最初は遊び半分だったのが、どんどんのめり込み、平日は早起きをして練習、休日はサッカー教室へ。海外サッカーをテレビで観戦し、ポジショニングやプレーを研究するのも大好きです。そして傍《かたわ》らにはいつも夫がいます。元々、夫もサッカーが好きだったこともあって、ふたりして一生懸命。

サッカーを習いはじめたころ、夫と、「せっかくなら『サッカーノート』をつくって、記録していったら面白いかも！」と話しました。

親が書くのではなく、息子が自分で書くもの。息子が大好きなサッカー選手も書いていたらしいよ、と言うと、俄然やる気に！

「10がつ26にち。てんとれなかったから、くやしかった。どりぶるあたまでかんがえた」
「12がつ2にち。こーちとしあいしたのがうれしかった。ろんぐしゅーときめた」
「1がつ4にち。りふてぃんぐ、14かいできた。いちねんせいになるまえに、40かいがんばる」

いつのまにか、目標を立てていました。ところが夫曰《いわ》く、1年生になる前に、リフティングを40回を超すのは難しい。高い目標やな〜と言います。たしかに、サッカーのコーチに聞いてみても、年長ではその回数は難しいと言われ、ハードルが高そうです。

ただ、本人は、ノートに書き、目標を掲げたからか、一生懸命、やる気です。

練習を繰り返し、何度も何度もがんばっていました。


「2がつ28にち。りふてぃんぐ42かいできた。もくひょうすぎた」


これには親の私たちが驚きました。本人は、ただ言葉にするだけではなく、自分の字で書いたことによって、立てた目標に向きあえたのだと思います。さらに親にとっても、子どもが書いた目標を字で見ることによって、よりサポートしてあげたい気持ちが芽生えてきます。

もちろん、掲げた目標が達成できないこともあって当然。だけれど、どうしてできなかったのか、どうしたら乗り越えられそうかを考えるきっかけに、自分の思いを書き留めるノートってとてもいいのだなと改めて実感しました。綺麗にまとめようとか、ちゃんと書こう、ではなく、ただ記録する。それを続けた先には何かが待っているのだと思うのです。

「りふてぃんぐ42かいできた」。子どものがんばる姿に、私や夫も良い刺激を受けています。

マイノートを何度も見返すと、大切なものが見えてくる

ノートというと「記録するもの」という印象があると思います。50冊続いている先述のマイノートも、最初はそのつもりでした。ただ、長年書き綴り、続けていったその先には、見返すことでまた再び意味のあるものになっていく瞬間がありました。

たとえば、子どもの習い事の付き添いで、教室の隅で待っていたときのこと。その教室は空間もさることながら、先生の人柄も素敵で、いつ訪れてもなんだかとっても気持ちがいいのです。なぜ「気持ちがいい」と感じたのかな?と深掘りしてみます。かばんの中から持ち歩いているマイノートを取り出し、そこにあった色鉛筆で走り書き。はじめは、ただの自分の感情の記録です。この内容を後々どう活用しようかなんて、そのときは考えていません。

そういう「心が動いたとき」「いいなと思った自分の感覚」など、気持ちの動きを書き溜めたマイノート。

行き詰まったときや、自分の軸がわからなくなったときに、ソファーに座りながら、時に電車の中で、溜まったマイノートをパラパラと見返すのです。そうすると、書いたときには気がつかなかった感情や、そのときそのときで心に響いたことなど思わぬ発見があります。

それをまた、今度は違う色のペンでなぞるのです。そのときまた思うことがあれば、同じペンでもう一度書いてみたり。これを繰り返すと、何度見ても気になる言葉や気になる記事が出てきます。そうすることで、自分が大事にしたいことがわかるようになります。

忘れかけた想いを取り戻してくれるマイノート。

私の場合は、新卒入社したばかりのピュアな想いが書かれたページや、お客様からいただいたお褒《ほ》めの言葉を読み返し、明日へとつなげています。

「マイノートといっても何を書いたらいいのかわからない」「どういったことを書けばいいのですか？」とご質問いただくこともあります。

思いついたアイデアなどでなくても、今日見た雑誌の気になる記事、目に留まったニュースから感じたことなど、本当に何でもいいのです。

そして、もしかしたらこの本を読んでいただいたのも何かのご縁であり、何かのタイミングかもしれません。もしこの本のなかで、気になるフレーズや、目に留まった言葉があったならぜひ、マイノートに書き留めてみてくださると嬉しいです。

そしてまたいつかそのノートを見返し、そのときにまた気になる言葉があれば線を引いたり、丸で囲ってみてください。それを繰り返していくことで、大切にしていることや、やっていきたいことがわかってくるのではないでしょうか。

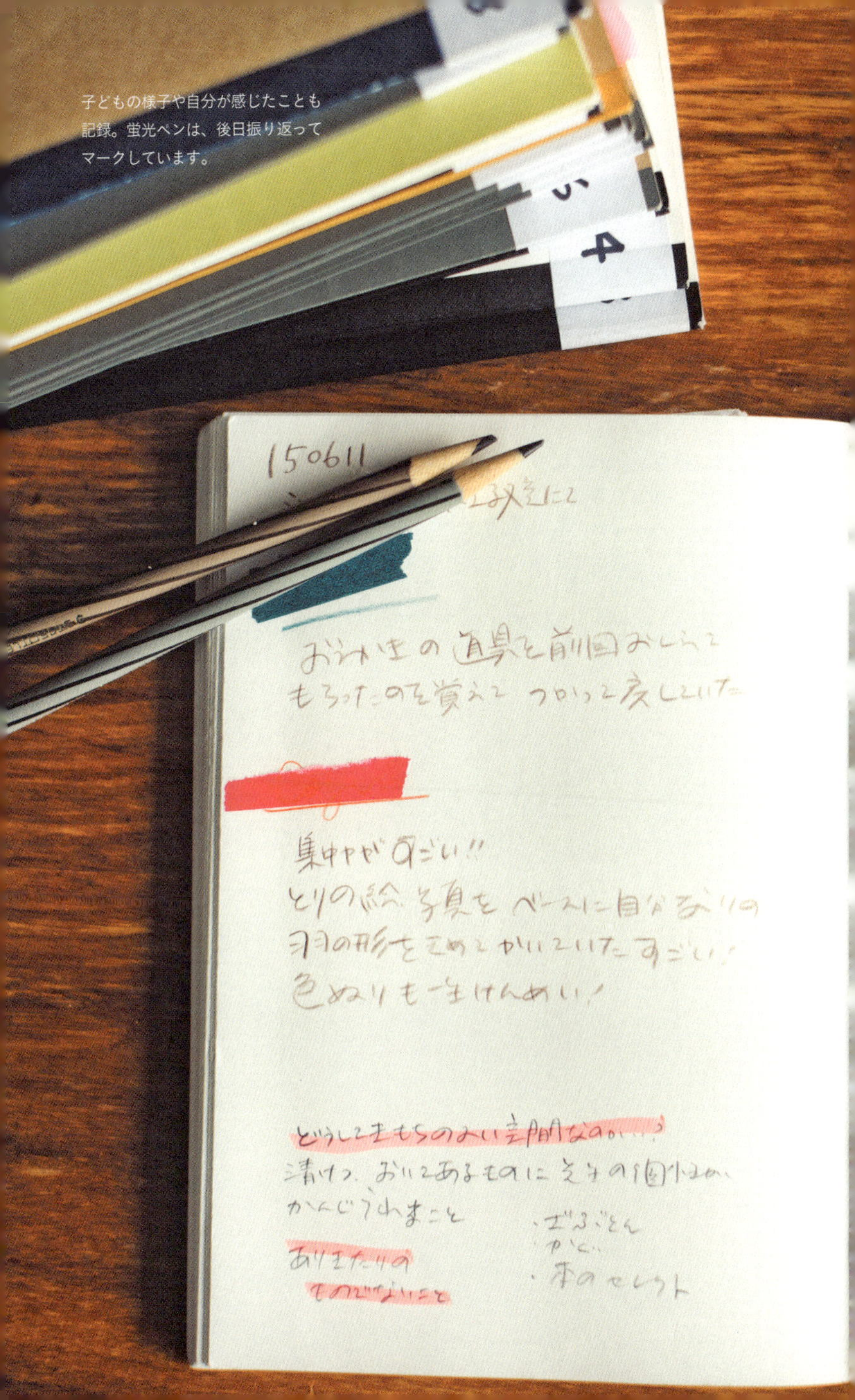

子どもの様子や自分が感じたことも
記録。蛍光ペンは、後日振り返って
マークしています。

写真アルバムで、自分を、家族を、振り返る

先日ふと、育児日記を読み返していたら、こんなエピソードが出てきました。息子が3歳のころのこと。

「『きょうは、えほんよむか、てれびみるか、しゃしんみようか、どうしよっかな～』と言った」と書いてありました。

息子にとって写真を見るというのは特別なことではなく、絵本を読んだり、テレビを観たりするのと同じと捉えていることに驚き、嬉しかった記憶があります。

わが家では、子どもたちが小さいころから、『とっておきアルバム』という、家族の写真アルバムをつくっています。仕事をしながらの双子育児ということもあり、忙しいなかでも長く続けられるよう、ルールは、シンプルに3つだけです。

「家族で1年に1冊」
「1見開きで、1カ月分の写真を厳選」
「写真と同じサイズの、育児日記カードを入れる」

当初は、「子どものため」に成長を残しておきたいと思い、スタートしました。でも、6年育児をしていくなかで、このとっておきアルバムが、「自分のため」になっていると感じる瞬間がたくさんありました。

子どもたちのイヤイヤ期、何をしても泣き止まず、私も一緒にわんわん泣いた日。育児休暇明けに仕事復帰をしたものの、自分のできなさ、不甲斐《ふがい》なさにしんどくなった日。そんなときに、いつもリビングのそばにあるアルバムを開いて、「いまはしんどいけれど、ここまでがんばってきたよな〜。私も子どもたちも」と、育児の軌跡を振り返ることができたのです。子どものためにはじめたアルバムが、いつのまにか自分自身を認めてあげることのできるツールになっていたのでした。

日々、子どもと過ごしていると、1日、1週間があっという間に過ぎていきます。「ああ、もう今年の夏も終わりか……」。そう言っている間に1年が過ぎていく。今年はやりたいことができなかった、どこへも行けなかった。だけれど、アルバムを見返せば、何気ない日々だけど、家族で前に進んでいっているんだな、と感じることができます。

誰かと比べて、ではなく、自分たちの家族の軌跡です。

そのアルバムのなかには、「毎年、家のなかの同じ場所で撮影した家族写真」があります。毎年同じソファーに座り、普段着を着て、家族4人で年始に撮影をします。はじめてからもう6年。小さく抱っこされていた子どもたちが、どんどん大きくなり、そして私たちも年を重ね、髪型や服装が少しずつ変化をしていったり。毎年同じ場所で、定点観測のように撮影することで、家族のうつりかわりがとってもよくわかるのです。

いつか、子どもたちが思春期になれば一緒に写ってくれなくなるかもしれない。でも、さらに大きくなったらお嫁さんや孫たちに囲まれて人数が増えているかな、なんて想像するのも楽しみだったりします。記憶のなかでは薄れていってしまう日々を写真に残し、「あのときこんなことがあったね！」と家族で語りあうための、コミュニケーションツール。わが家のアルバムをつくり、家族の歴史を振り返ってほしいな、と思います。

リビングでみんなと一緒にアルバムを見返す。子どもたちも自分の成長を感じているよう。

定期的に友人と会う

毎日こまめに連絡を取りあうわけでもない、何かがあっても逐一《ちくいち》報告するわけでもない、だけどお互い親友だと思っている昔からの友人がいます。出会ったのは中学1年生のときに通っていた塾。そこからもう20年以上のつきあい。

離れたところに住み、会えるのは年に数回だけれど、帰省時には必ず家族ぐるみで会い、泊まって夜通し話します。

私が仕事を辞めるとき、子育てに悩んだとき、夫婦で仕事をはじめようかと考えはじめたとき、新しく事務所を構えるとき……。

相談というよりは、話を聞いてもらうといったほうが正しいかもしれません。

定期的に友人に会って話すのは、楽しさももちろんあるのだけれど、友人に自分の近況や、これからこうしたいなと思っていることを話しながら、自分自身で自分の考えを整理している感覚なのです。

あるとき、すごく仕事に迷い、自分自身、これから進むべき方向がわからなくなったときがありました。その親友に話しながら涙が出てきます。そのとき友人が言った一言。

「えみが、もし間違った方向に行きそうになったら、それは絶対ちゃんと言うから、任せて！」

すごく心強い言葉。

お互いに、人生色々あるけれど、相手が悩んでいるときは受け皿になり、相手が困っているときはアドバイスをする。正直なところ、私のほうが聞いてもらってばかりなのだけれど。


ありがたいことに、他にも定期的に集まる家族ぐるみの友人たちがいます。

大人数で集まる良さは、いろんな意見が聞けるところです。

最近の仕事のこと、仕事で落ち込んだときのモチベーションのあげ方、子どもとの向きあい方。私は、気になることはどんどんみんなに聞くほうです。

「こういうときは、どんなふうにしてるん？」

専業主婦で子育て真っ最中の友達や、自営業で会社をたちあげた友達、フルタイムのワーキングマザーと、みんなそれぞれの場所で活躍している友人たち。

みんなみんな、いろんな意見やアイデアがあって、「しんどいのは自分ばかりじゃないんだな〜」と思えるし、前へ向くアイデアもたくさんもらえるのです。

そのなかでも、私の大学のゼミでの集まりは、それぞれが結婚し子どもが生まれ、大人数の集まりとなってきました。その集まりの良さは、「相手の意見を否定しないところ」。

社会学部のゼミの集まりだけあって、答えのないことをみんなで話しあうのが得意です。

「そうか、こんな意見もあるよな」

「自分に置き換えてみたらどうやろう?」

「それってこういうこと?」と誰かがまとめはじめたり。

友人って、自分ではわからない「自分の良いところ」を教えてくれたり、自分ではわからない「自分のダメなところ」を教えてくれたり、本当に大切な存在です。

自分自身、「また会いたいな」といつまでも思ってもらえるような魅力を持ちたいな〜と、友人たちと集まるたびに思うこのごろです。

近すぎず、遠すぎない。だけど、迷ったときはいつも心強い言葉をくれる大切な親友。

人生で、うまくいったことを振り返る

真っ黒に日焼けし、テニスをしていた私の中学時代。試験前になると1週間の休みがもらえました。その期間は部活をせずにまっすぐ帰宅し、集中して勉強するための時間でした。

ところが、中学2年生の2学期のこと。中間試験の前に部活の試合が重なり、1週間の試験休みがなくなったことがあったのです。

あとにも先にも、試験休みがなくなったのはこの1回だけだったのですが、振り返れば、中学3年間でテストの成績が一番良かったのがこのときだったのです。勉強をする時間は限られていたけれど、だからこそ濃密に、各教科のスケジュールを立てて優先順位を考える。時間がないからこそ、工夫をする。

「自分は、忙しいときのほうがいろんなことがうまく進む性格なのかもしれない」

そんな中学時代のこのことを思い出したのは、就職活動で自己分析をしていたときです。

「自分がやってきたことで、うまくいったと思えたのはどんなときだったか？」を考えていたときのことでした。できないことを羅列《られつ》し、それをどう乗り越えていったらよいか、どう克服していったらよいかを考えるよりも、うまくいったときの法則を利用すれば、これから先もうまくいくコツがわかるのではないか、ということ。

社会人になり、プランナーとして仕事をしていたときも、ひとつの企画を任されているときよりも、3つ4つと企画を同時に進めていくほうが私には合っていました。あっちのことを考えながら、こっちのことも思いつく。それぞれの企画は100パーセントではないけれど、すべてが着実に前に進んでいきカタチになっていくのです。

思えば、いまだってそう。育児、家事、仕事、さらにその仕事の中身も、ひとつのジャンルを深めるというより、本の執筆、商品企画、セミナー、レッスン運営と、多岐《たき》にわたっています。他の人から見れば、広く浅く見えるかもしれない、だけれど、私にとってはそのほうがうまくいく、とわかっているから進められるのだと思うのです。

自分の人生のなかでうまくいったこと、そしてその理由は何だったのか？

自分の良かったことの棚卸《たなおろ》しをすると、次へのステップが見えてくるかもしれません。

漢字1文字で目標を決める

2008年のお正月のことです。

いつものメンバーがわが家に集まり、新年会を開催。

「せっかく集まるなら、何か面白いことしようよ！」と、書き初《ぞ》め大会がはじまりました。

そのころは、まだ子どもも生まれていなくて、大人だけの新年会。

「どんな字を書こうか？　そうだ、今年の目標を漢字で表そう！」と、それぞれが漢字を書き、一言発表することに。


新しく仕事をはじめる、「新」。

大人を目指す、「大人」。

人の縁を大事にする、「縁」。

目を覚ます、「覚」。

それぞれ、思い思いに今年の抱負を話していきます。

私がその年に決めた漢字は、「続」。

当時、「行動が習慣になり、習慣が人生を変える」という言葉を知り、この年は何かを続けて習慣にしてみようと思っていました。

それが私にとっては、ブログ「OURHOME」でした。

実際に、この年、2008年の2月からブログを書きはじめ、1年間続けることができて、本当に人生が変わりはじめました。

その年がきっかけとなり、毎年、「漢字1文字を目標に掲げよう！」とスタートしたのです。

2009年「増」。一番増えてほしいなと願っていた、家族が増えました。双子を授かり家族4人の暮らしがスタート。

2010年「動」。10年ぶりに車の運転を再開。はじめてのテレビ出演。保育所探し、そしてマンション購入に向けて、目一杯動いた年。

２０１１年「固」。仕事復帰をし、暮らしを整え、しっかり土台を固めていく予定でしたが、実際には、仕事と家庭の間で「迷」の年となりました。

２０１２年「軸」。会社を退職し、昨年の反省を活かし、自分のなかに軸をしっかりと据《す》えて、フリーランスの道を選ぶことに。

２０１３年「楽」。肩に力が入りすぎていた昨年を反省。そして、夫の海外への単身赴任もあり、子どもたちと楽しみながら暮らすことがテーマでした。

２０１４年「開」「進」。ひとりで抱え込んでいた仕事を誰かと共にすることを目指し、スタッフを迎えました。

２０１５年「新」。気持ちを新たに。夫がＯＵＲＨＯＭＥに加わり、会社を設立。新しい働き方が始まりました。

毎年目標を立てることを続けていると、日々過ごしていくなかで、迷ったり悩んだりしたとき、ふと、年始に立てた目標を思い出し、ピリッと身が引き締まることがあります。自然と年末あたりには1年を振り返り、掲げた漢字に見合う暮らしを送れたかどうかを考え、また来年の目標がふっと自分におりてくるのです。

目標を立てると、行ったり戻ったりを繰り返しながらも、誰かと比べてではなく、昔の自分と比べて前に進めているな！と感じられるのですよね。

たまたまはじめた漢字1文字の目標。文章での目標や、たくさんの目標を掲げると、日々のなかで忘れてしまうのですが、たった漢字1文字なら自分の記憶にしっかりと残りますよね。

2016年は「根」。

昨年から手探りで進めてきた夫婦での仕事。いまではスタッフも増え、だんだんと仕事が広がりはじめるなか、しっかりと根をはりたいと思っている年です。

さて、年末には根をはれているのでしょうか。自分を振り返りながら少しずつ前に進んでいきたいなと思っています。

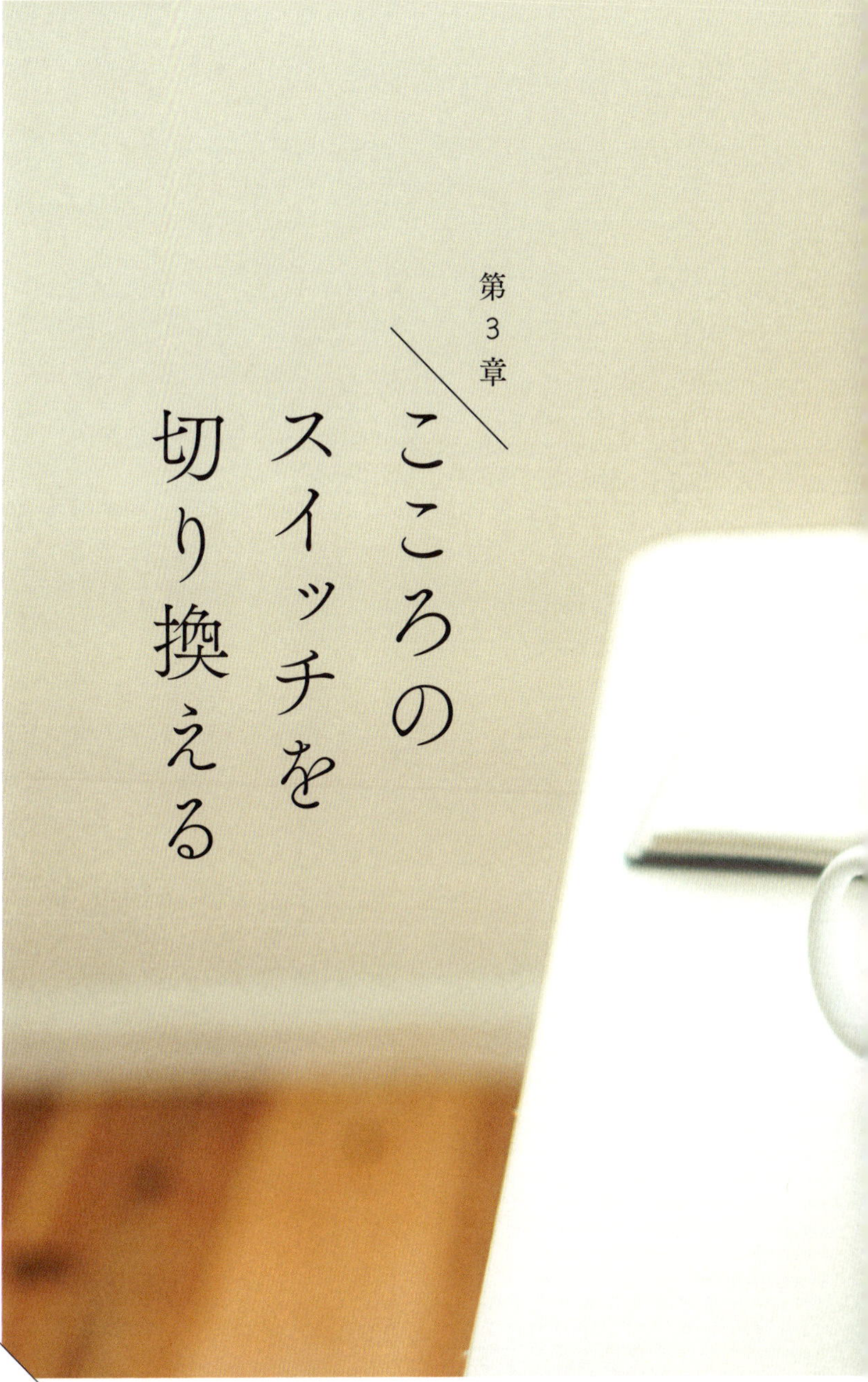

第3章 こころのスイッチを切り換える

手を洗う

毎日、お昼ごはんをスタッフと一緒にいただきます。各自つくってきたお弁当や、時には買ってきたパンを食べたあと、少しだけ食後のコーヒータイム。昨日観たテレビの話、子どもの可愛《かわい》かったエピソード……。いろんな話をする昼下がりです。

先日、ふとこんな話になりました。

「仕事で行き詰まったら、どう切り換えるの？」

事務作業、新商品の企画、打ち合わせ、雑誌の取材、原稿執筆など、仕事が多岐にわたると、1日が目まぐるしく過ぎていきます。そのなかで行き詰まったら、みんなそれぞれどんなふうに気持ちを切り換えているのかな？と。

私は、「ちょっといいハンドソープで、丁寧に手を洗う」こと。原稿が書けない、アイデアが行き詰まってきた……。そんなときは、オフィスの洗面所に手を洗いに行きます。友人からいただいたスクラブ入りの上質なハンドソープを丁寧に泡を立てて、手首まで綺麗に洗います。たった3分程度のことだけれど、次への良い切り換えになっているのです。

みんなにそのことを話すと、「へえ〜！　Ｅｍｉさん、そんなことしてたんですね！　気がつかなかった」と言われました。「みんなはどう？」と尋ねると、

コーヒーをいれに行く。

お花の水をかえる。

パックの野菜ジュースを一気飲みする！


みんなそれぞれ自分なりの工夫を実践していました。

ちょっとしたことで、気分が変わる。その方法を、自分で知っていることが大切なんだと、スタッフみんなと話していて感じたのです。

しんどくなったとき、気分が乗らないとき、どうやったら切り換えができるのか。これをすると、スッキリ！　みなさんは、自分なりの工夫、ありますか？

オフィスの手洗い。イソップのハンドソープとメイク直しのための綿棒も一緒に置いて。

使い切る。そして、新しいものを使う

使いかけのファンデーションのそばに、最近あけたばかりのファンデーション。使いかけの化粧水の横に、よくＣＭで見かける流行《はや》りの化粧水ボトル……。

お客様のお宅に伺うと、使いかけの同じような化粧品がたくさん出てくることがあります。

私自身も、お化粧をきちんとしはじめた社会人になったばかりのころは、使っている化粧水がまだ途中でも、誰かがおすすめしている別の化粧水に心惹かれ、ひとつめが残っていても次のものを使う。その次もまた同じ。とっかえひっかえ新しいものを試しては、使い切らないうちに他のものを使う。そんなことを繰り返していた時期もありました。それは化粧水に限らず、文房具、調味料もしかり。

あれから10年以上たって、いまはというと、化粧水も、クレンジングも、いつも同じメーカーのものを使っています。

そして、ひとつのものをしっかり使い切ってから、次の封を開けるようになりました。


「使い切ってから、次のものを使う」


これは、ただ「もったいないから」という理由だけではなく、こころの切り換えにもつながると感じているからです。

「使い切る」という、その向こう側にあったのは、若いころには知らなかった、「こころの満足感」でした。

たくさんのものに囲まれたり、流行りのものを多く持つということではなく、一生懸命働いて得たお金を、自分にとって本当に必要なものに使い、それを最後までしっかり使い切れたという満足感――。

とてもシンプルなことだけれど、これが意外と難しい。それをひとつひとつやり遂げると、スッキリとした気持ちになるのです。

もちろん、あっちへこっちへと目移りし、誰かの意見に流されてみたり、そんな若いころの自分を否定するわけではないけれど、中途半端な状態のまま先へ進んでいくのではなく、ひとつひとつを丁寧に終え、そして次へ進むということができれば、これは大げさかもしれないけれど、人生を大切にすることにもつながるはず。

子どもの前で、まだ使いかけのノートを捨て、新しいノートを使ったりするのではなく、ひとつのものを大事にし、使い終えてから次のものへ進む。そんな背中を見せていきたいと、改めて思うこのごろです。

10年ほど使い続けている化粧水。しっかり使い切ってから新しいものを開けます。

「ふ・ふ・け」のおまじない

「ふ・ふ・け」？　まるで何かの呪文のよう？

これは「仕事の効率を良くしたい！」という悩みで、収納アドバイスの依頼をくださったお客様のこころの切り換えのお話。

自宅でお仕事をされているその方は、忙しいタイミングになると仕事部屋がぐちゃぐちゃ。どこに何があるのかわからなくなり、仕事に集中できない。なんとか片付けのシステムをつくり、仕事の効率をあげたい、というお悩みです。

でも、カウンセリングでお話を伺うにつれ、どうやらお部屋の問題だけではない背景が見えてきました。

「朝起きてから寝るまでの1日の様子を教えてくださいね」

ご飯の時間、お風呂の時間など、細かいこともお聞きしていきます。

一見、仕事の効率をあげることとは関係のない質問に聞こえるかもしれませんが、ここにヒントがあります。そうするとお客様から、

「忙しいときは、布団も敷きっぱなし、ひどいときはパジャマもそのまま、1日中スッピンで過ごしています……」

仕事の効率をあげる答えがここにありました。毎日お仕事をするその前に、していただきたいことをお伝えしました。

「布団をしまう、服を着替える、化粧をする」

そう「ふ・ふ・け」。

24時間の過ごし方をお伺いして見えてきたのは、片付けよりも仕事にとりかかる前の身支度の大切さ。

1日家にいることがわかっているとき、ついパジャマにスッピンとなりがちですが、毎日仕事にとりかかるその前に、今日もがんばるぞ！のおまじないのように、「ふ・ふ・け！」

と唱えて実行していただいています。なんとなく、布団たたまなきゃ〜と頭で思うより、「言葉にする」とスムーズです。

実は、私も育児休暇中、丸1日家にいるとき、お化粧をしないときもありました。そんな日は、ママ友から急に誘われても行けなかったり、買い物にもサッと出られなかったりと、いろんなことがうまく回りません。そこで仕事復帰をしてからは、家にいるときもどんなときでも、洋服に着替えてお化粧をすると決めました。形から入ることが気持ちの切り換えにつながるのですよね。

最近わが家の子どもたちが朝から唱えているのは、「あ・り・せ」！

「朝ご飯を食べる、リュックの用意をする、洗濯物をたたむ」だそうです。

こんなふうに、毎朝唱える自分だけのおまじないをつくってみるのも楽しいですね。

「いいな！」と思ったら、すぐやってみる

私にとって、「すごい！」「見習いたい！」と思える方って、どんな人だろう。

ふと、そんなことを考えるなかで、私が尊敬する方々には共通点があることに気がつきました。

それは、雑誌で見た行ってみたい場所、新聞に掲載されていた面白そうなイベント、ママ友から聞いた良かったお店など、人から聞いて「それいいな！」と思ったことを、すぐに実践していること。ただ、「いいな〜、すごいな〜」と思うだけではなく、実際に体験することで自分のものにしていってるという印象です。

これも、こころのスイッチを切り換えるのに効果的だなと思うのです。

何かうまくいかない、気持ちがモヤモヤ。そんなときにふと耳にしたり、目の前に流れてきた情報、ちょっと行ってみたい場所、食べたいなと思ったおやつ。何でもいいので、自分のアンテナにピッと引っ掛かったことを、ひとつでも実践してみる。

日々、何かができなかったと嘆くより、「いいな！」と思ったことをひとつできた！　それだけで、次に進めるのだと思うのです。

私が人に何かをすすめるときは、本当に心から「いいな！」と思うもの。だからこそ、信頼できる人からの意見は、素直に一度聞いてみたい、と思っています。すべてを取り入れる必要はないけれど、アンテナに引っ掛かったものは、すぐに試してみる。あれこれ言いわけせずに、やってみる、見てみることにしています。

私が整理収納アドバイザーという資格を知ったのは、前職でのこと。

お世話になっていた先輩から、「こんな面白い資格があるよ〜」と、当時まだできたばかりのこの資格を教えてもらい、何か心に引っ掛かるものがあり、すぐに申し込み、いまがあります。

そうそう、先日は友人から、近所の美味《おい》しいラーメン屋さんを教えてもらいました。「今度の週末に家族で行こう！　どう？」と、夫に提案したところ、「それいいね！」と家族で出かけることになりました。


みなさんは、今日、誰かに何かをおすすめされましたか？

もし、こころのアンテナに引っ掛かったなら、すぐにやってみる、見てみるのもこころのスイッチを切り換えるきっかけになるかもしれません。

小さな場所の整理をする

さあ、今週末、時間ができたら片付けるぞ！　そう思っても、どこから手をつけたらいいかわからない……。そんなことってありませんか？　そんなときに私がおすすめしているのは、小さな場所から整理をしはじめること。

「整理」とは、モノを仕分けることをいいます。

使う、使わない
いる、いらない
好き、嫌い
大事、不要

このように、自分の基準で判断して仕分けていくこと。

最初はとっても時間がかかりますし、自分なりのコツをつかむまでは進み具合が遅く感じることもあるかもしれません。いままでのお客様を見ていても、最初は「選べない」「できない」「私は苦手」とおっしゃいます。

そこで、引き出しのひとつをひっくり返して一緒に整理してみると、たしかに最初は判断に迷われます。

「うーん、いまは使わないけど、いつか使うような気が……」

「これは高かったので、もったいないです」

それでもいいのです。まずはどんな基準でもいいから、自分の判断でやってみる。手を動かして整理をしてみる。そうすると、どんどん頭がスッキリしていき、判断も徐々にスピードアップしていきます。

こちらが捨ててくださいと一言も言っていないのに、みなさん自分から、「いつかなにかのためにと思っていたけど、これだけ体を動かしていたら、もっとスッキリしたくなりました！」と言って、自ら、大切なものを選びとり、不要なものを処分していかれるのです。

とはいえ、どこから手をつけていいかわからない方は、ぜひ財布の整理からはじめてみてください。キッチンやリビングなどの大きな場所の整理からすると、どうしてもつまずいてしまいます。ほかにも、クローゼット等の洋服は好き嫌いの感情が入ってしまうので判断にとても迷います。

それに比べて財布は、必要なもの、そうでないもの、使っているもの、使っていないものがわりとはっきりしているので仕分けやすいのです。

私もモヤモヤしたときは、小さな場所を整理します。

・パソコンのデスクトップを整理する
・財布の整理をする
・スマートフォンのデータを整理する

小さな場所から取り組むと達成感を味わいやすいので、ぜひおすすめです。

モヤモヤすると机の上ですべてを出して財布の整理。

おはようございます。おつかれさまでした

昨年から、夫婦で仕事をする私たち。朝の通勤も、帰りもずっと一緒。ほぼ24時間一緒に過ごしていると、仕事とプライベートの切り換えってなかなか難しいのです。嬉しいことも、やりがいを感じることも一緒に共有できるけれど、もちろん、時にけんかをし、時に言いあうことも。

仕事を一緒にはじめることになったとき、ふたりで決めたルールは、「おはようございます」の朝の挨拶《あいさつ》をきちんとすること。朝一緒に通勤するけれど、オフィスに入った瞬間に、お互いに向けて、そしてオフィスに向けて「おはようございます」。

わざわざそんなことしなくたって過ごせるのだけれど、お互いの気持ちの切り換えのための大切な習慣。空気がピリッと引き締まり、これが、仕事をはじめるスイッチとなります。

カジュアルな「おはよう！」ではなく、「おはようございます」って仕事モードがいいよね、

とことんなスタイルになりました。

夕方18時。仕事を終えるときは「おつかれさまでした」。今日も1日ありがとう、おつかれさま、明日もよろしく。そんな思いを込めながら。

挨拶って、単純だけれど、切り換えにはとても大切だと大人になってから気がつきました。毎日過ぎてゆく時間のなかで、「おはよう」「ただいま」「おかえり」「おやすみ」。一言だけれど、こころと空気の切り換えになるのです。

深い話をする時間がなくたって、声の調子や言い方で、相手の気持ちってなんとなくわかるもの。これは子どもも同じ。「今日は元気そう!」「あれ、元気がないな、どうしたのかな」。そんな小さな変化に、気づいてあげられる親でいたいものですね。

さあ、今日の仕事ももうすぐおしまい。

今日も1日、「おつかれさまでした」。

まっすぐ「そろえる」

はきものをそろえると　心もそろう
心がそろうと　はきものもそろう
ぬぐときに　そろえておくと
はくときに　心がみだれない
だれかが　みだしておいたら
だまって　そろえておいてあげよう
そうすればきっと
世界中の人の心もそろうでしょう

高校時代の体育の先生が、卒業するときに「学校通信」で教えてくれたこの詩。

長野市篠《しの》ノ井《い》にある円福寺《えんぷくじ》の住職でいらした、藤本幸邦《ふじもとこうほう》さんがつくられたものだそうですが、当時の私の心にぐっと響きました。

気持ちがゆるんだときに読むと、背筋がピンッと伸びる詩です。

この「そろえる」という行動は、靴だけではなくほかのことも同じだと思うのです。机の上でぐちゃぐちゃになった書類、テーブルの上に散乱したリモコンや爪切り。冷蔵庫の前に貼ってある、たくさんの学校便りやDMなどのハガキ。

すべてを元の場所に戻す気持ちの余裕がなかったとしても、ただ「そろえる」だけで、気持ちが切り替わります。


書類をそろえる。

リモコンをそろえる。

まっすぐにする。


同じものが置いてあっても、ただまっすぐにそろうだけで、人の気持ちはピンッとまっすぐに。

わが家の場合は、子どもたちの部屋で使う大きなホワイトボードに、気がつくとたくさんの紙やマグネットが貼られています。

集中力がなくなったり、けんかが増えてきたりすると、ホワイトボードに貼られたものを、子どもと一緒に並べ直してピシッとそろえてみたり、おもちゃ箱をそろえて並べたり。

不思議なことに、それだけでも空気って変わるものなのです。

もし、置いてある箱がゆがんでいたり、絵本がバラバラになっていたら、まっすぐ「そろえる」だけでも、こころのスイッチが切り換わるかもしれません。

帰ってきたら、すぐお風呂に入る

わが家は、家に帰ってきたら一番最初に、子どもと一緒にお風呂に入ることにしています。周りの友達に話すと、「え？　寝る前じゃないの!?」と、時々驚かれることもあります。

きっかけは子どもたちが2歳の夏のこと。保育所で1日楽しくあそびまわって、どろんこで帰ってくる子どもたちを見て、とにかく最初にお風呂に入ってスッキリしよう！と思ったのがはじまりだったのです。

朝、仕事に出かける前にお風呂をタイマー予約。そして双子たちとの帰宅後は玄関からお風呂へ直行！　リビングを通ってしまうと、ついつい遊びがはじまってしまうので、そのままお風呂場に行けるよう動線を考えました。

帰ってからお風呂に入るといいのは、ただスッキリするというだけでなく、気持ちの切り換えになっているのだと最近感じています。

子どもたちが小学校に入り、まだ慣れない環境での学校生活、さらに学校が終わると、学童へ。夕方まで目一杯がんばり、みんなと遊んで、心もいっぱいいっぱい。そんなふたりと、帰ってからすぐにお風呂に入ると、

「きょうな、せんせいがめっちゃおもしろかってん！」

そんなふうに報告してくれることもあれば、

「きょうな〜、おにいちゃんに、ちょっといやなこといわれてかなしかってん」

そんな報告をしてくれることもあります。お風呂に入ってお話しして、スッキリ気持ちを切り換えてのご飯！　そしてビールは格別！　働いていると、どうしても子どもと触れあう時間は少なくなるから、そのかわり濃密になるように心掛けています。

思えば、小さいころの私がいつも両親から言われていたこと、「えみ、早くお風呂に入りなさいよ〜」。なんだかいつも後回し、後回しにしていたお風呂。あのころ、帰ってすぐに入っていたら、モヤモヤを切り換えて過ごせたのかな〜なんて。

なんとなく、いつも寝る前にお風呂に入っているなら、時には、帰宅後すぐお風呂に入ってみませんか？　気持ちのいい切り換えになること間違いなしです。

子どもも大好きなドイツの入浴剤。「いっせーの！」と色を選ぶのが日課。

家族で「今日のよかったこと」を伝えあう

毎晩、子どもと一緒に21時にベッドへ。真っ暗になった部屋で、みんな目をつむりながら、「今日のよかったこと」をそれぞれ言いあうのがいつからか習慣になっています。

「どっじぼーるがたのしかった！　しんどかったけど、かてた！」

「きょうは、おえかきを、せんせいにほめてもらったよ」

保育所に通っていたころからの習慣。

寝ない子どもたちに「早く寝ないと、鬼が来るよ！」「寝ないとおばけが出るぞ～！」と、ついつい言ってしまいそうだけれど、これだと怖い夢を見てしまいそうですよね。

自分の子どもだけれど、私の知らない世界があって、それぞれ小さいながらに毎日を一生懸命生きている。嫌なことや、しんどいこともちろんあるけれど、寝る前だけは、「今日のよかったこと」を言いあって、いい夢を見てぐっすり眠れるといいな。

ちなみに私も、今日のよかったことを発表するのです。

「今日はね、なかなか書けなかった原稿が、ようやく仕上がったよ！」

「よかったね〜！　どんなんかいたん？」と話が広がったりします。

そして時々、自分が嬉しかったことだけではなく、家族の誰かの「ここがよかった！」を伝えあうときも。

「洗濯物たたむの上手やった！」

「今日、ご飯たくさん食べてたね〜」

子どもたちは、やっぱり褒められると嬉しいのです。

真っ暗な部屋でも、嬉しそうな顔をしているんだろうなってわかるもの。

私も、褒められたら素直に嬉しい。

「おかあさん、きょう、びーる1ぽんにがまんしてたからえらいなあ！」

時々こんな褒められ方もありますけれどね。

さあ、今日のよかったことを思いながら、明日も1日、元気にがんばろう。

一緒に寝られるのもあと数年。いまを大事にしたいです。

「今日じゃないんだ」と、前向きに捉える

週末の家族のお出かけ、楽しみにしていたレストラン。張り切っていくぞ〜!と思っていたのに、お店に着いてみたら行列で入れない……。

前々から約束していた、友達とのランチ。荷物の準備も子どもの支度もできて、さあ出発!と思ったら、子どもがまさかの発熱……。

そんな、「予定していたことがうまくいかない」ときってありますよね。

私も、こんなことがあります。「今日は絶対ブログを更新するぞ!」。そう思って、記事を書き、写真を入れ、「さあ更新!」と思った瞬間に、記事がすべて消えてしまったり。洋服を買いに行って、デザインがすごく気に入り「これを買おう!」と思ったのに、自分に合うサイズがすでに在庫切れだったり。

そんなとき私は、「あ~これは、タイミングが今日じゃなかったんだ。きっと次は、もっと良くなるってことなんだ!」と思うようにしています。

予定していたことができなかったとき、つい、「できなかった事実」に目が向き、落ち込んでしまいそうになります。だから、ブログを更新できなかったこと、欲しかった洋服が買えなかったことを、まずは素直に受け止めて、でもそれに引っ張られるのではなく、「ただ、今日じゃなかっただけ。きっとこれは、次はもっといい記事が書けるってことか!」「そうか、この服よりもっといい服に出合えるってこと!」。そう思うだけで気持ちがすとん!と、スッキリします。

とはいえ、私も昔からこんな考え方だったわけではありません。

最初はなかなかそう簡単に切り換えができなかったとしても、心からまだそう思えなかったとしても、「こんな考え方もあるよね~」と意識できるだけでずいぶん違います。この繰り返しが、前向きな気持ちへの切り換えにつながっていくのではないでしょうか。

第4章 仕事の向きあい方を変える

祖父が教えてくれたこと

「真面目《まじめ》に、がんばりすぎず、でもがんばること」
「でたらめをしないこと」
「体に気をつけること」

これは、私が起業したとき、祖父と父から教えてもらった言葉。祖父は、いまから約60年前、神戸に小さな店を構えました。父は働く祖父を見て育ち、仕事を継ぎました。祖母も母もみんな一緒に仕事をする家族経営の家庭に育った私。いま思えば、きっと仕事の邪魔だったろうなとも思うけれど、幼いころは、働く両親たちのそばで、伝票にハンコを押したり、封をしたり、切手を貼ったり……。自営業の家庭に育ったこともあり、小さいころは、スーツを着て会社に出かける周りのお父さんが少しうらやましくて、中学の卒業文集には「サラリーマンの奥さんになって専業主婦になりたい」と、書いていました。

そんな私でしたが、大学卒業後、就職し、サラリーマンである夫と結婚。そのまま描いたとおりの人生を歩むはずだったのですが、２００８年にスタートしたブログをきっかけに30歳を機に独立。その後、夫婦でやりたいことをやるために働き方を変えよう！と、夫も会社を辞め、夫婦で会社を立ち上げることにしたのです。

開業届を提出したのは、祖父が60年前に店を構えた日と同じ7月5日。祖父に報告すると泣いて喜び、応援してくれました。祖父と父に、そのとき言われた冒頭の言葉をいまも大事にしています。毎日アップダウンを繰り返し、心が折れそうになったり、気持ちが疲れたときはこの言葉を振り返っています。

あるとき、祖父に「今度、大きな仕事が決まりそうやねん」と報告した日のことです。祖父は、「えみちゃん、仕事に大きいも小さいもないで。それは覚えときなさい」。ハッとさせられました。長年、小さいお店ながらも会社を存続させてきた祖父からは教えてもらうことが本当に多いのです。自営でやっていくなかでは、良いときもあれば悪いときもある。それでも、大きな流れのなかで、前へと進んでいく。今度は夫と私が、自分の子どもに伝えていきたいと、そう思っています。

祖父や父に教えてもらうこともマイノートに書きとめて見返します。

「好き」を仕事にして、いま思うこと

「好きなことを仕事にしたら、嫌な部分も見えてくるからやめておいたほうがいいよ」

就職活動をしているときに、大人たちから、こんな声も聞こえてきました。

「そういう考え方もあるのだな〜」と思いながらも、私は、すんなりそうは思えませんでした。

もちろん仕事だから、うまくいかなかったり、つらいことも、正直言ってたくさんあります。一見、越えられそうにない壁が目の前に立ちはだかることも。だけれど、やっぱりそこは、「好き」という気持ちがあるからこそ、乗り越えていこう、その先の景色がみたい！と思えるのだと思うのです。

同じ時間を過ごすなら、少しでも、「好き！」という気持ちは大切にしたい。

私は、安定した前職の会社を退職して、フリーランスの道を選びました。

そして、その3年後には夫も会社を退職して、夫婦で会社をつくることになりました。

ふたりで自営の道を選ぶのは、とっても不安定だし、周囲からは驚かれたこともあります。

だけれど、整理収納、そしてモノづくりという「好き」を仕事にしたいま、改めて思うのは、やっぱり「好き」が自分の心を動かし、仕事へのモチベーションにつながっている、ということ。もし、「お金」のためだけだったなら、この道は選んでいないと思います。

私たちの発信する情報や、一生懸命生み出す商品たち。それらが、私たちの本当に欲しいと思えるものであり、誰かの心地よい暮らしにつながり、その先に、社会へ少しでも貢献できるものでありたい。そんな想いを込めて仕事をしています。

そしていま、わたしたちが感じているのは、同じような気持ちで「好き」を仕事にし、やりがいを感じながら安心して働いてもらえる場所をつくりたい、ということ。そんな思いに共感し、少しずつ集まってきてくれたスタッフたち。

先日、思いがけず、嬉しいことがありました。

「うちの妻、ＯＵＲＨＯＭＥで仕事をはじめてから、すごいイキイキしてるんですよ」と、スタッフのご主人から話を伺う機会がありました。

そのスタッフは、以前の職場では、1日中、誰とも口をきかない日もあり、モヤモヤしながらも「仕事ってこんなもの」と、諦めていたそうです。今の職場に変わり、暮らしや心掛けが変わり、笑顔も増えた、と教えてくださいました。そして、彼女がそうして働く姿を見て、ご主人自身も転職をするきっかけのひとつになったそうなのです。

「ママが変わると、パパや子どもも変わっていく」

家族の暮らしがうまく変わりはじめた、という話を聞いて、あったかい気持ちになり、「そうだ、こういう家族をもっと増やしていきたい！」「家庭も仕事もどっちも大事。そしてどっちも楽しかったらもっといいのにな」という想いが、より大きくなりました。

わがままかもしれないけれど、そんな本音の部分を素直に出せる環境をつくりたい。

OURHOMEのまんなかには、いつも人がいます。

たったひとりではじめた4年前には想像もつかなかったけれど、これからも「好き」を仕事にする環境を広げていきたいと思うのです。

人生はたった一度きり。せっかくなら、家庭も仕事もどっちも楽しみたいですよね！

新商品の打ち合わせをスタッフと。
自分たちが「好き！」と思えるモノ
づくりを目指しています。

「楽しい！」と思えるネーミングの魔法

仕事を続けていくうえで、自分がやっていることに「楽しさ」や「愛着」を持つことはとても大事なことですよね。現在はスタッフ5名と一緒に働くOURHOME。より楽しく仕事に取り組めるように、ちょっとした工夫を心がけています。

それは、ネーミング。

2016年のはじめ、スタッフと一緒に1年間の活動目標を決める年間会議を開きました。「二〇一六年・年間会議」……。う〜ん、ちょっと堅苦しいですよね。そこで、私は「OURHOME これからがんばるぞの会／2016」と名づけました。

こちらのほうが、イメージも湧いてくるし、なにより、なんだか心がワクワクしてきます。

こんなふうに、同じことでも、ネーミングややり方を「楽しそう！」と思える形に変えることで、私やスタッフも、より前向きな気持ちになるのです。どうせやるなら楽しくやりたいですよね。

オフィスの掃除だってそう。日々の業務に追われていると、なんとなく掃除が面倒になってきたり、「誰かやってくれないかな～」なんて考えてしまったりしますよね。

そこで、スタッフのひとりが「おそうじルーレット」というお手製のアイテムをつくってくれました。

このルーレットは、週が変わるごとにクルッと回り、誰がどの場所を担当するかが一目でわかるようになっています。そして使い終わった掃除道具を、みんなが元の位置に戻しやすいようにラベリング。簡単なひと手間や工夫、ちょっとした遊び心が加わるだけで、気持ち良く取り組むことができるのですよね。

仕事も家のことも、「嫌だな」「面倒だな」「大変だな」、そう思えばそうなってしまう。だけれど、そこへの向きあい方を少し変えて、楽しく感じられるような呼び方や、お金のかからないひと工夫で、前向きに捉えることができるようになるのではないでしょうか。

掃除道具はラベリングをして、スタッフ全員が使いやすく元に戻しやすいように。

一度やってみてから、考える

フリーランスになりたての2012年の夏ごろ、「子どもの写真整理」というテーマで私のブログへ訪れてくださる方が多くいらっしゃいました。また、周りにも同じことで困っているらっしゃるママがたくさんいたこともあり、子どもの写真整理術についてのセミナーをいつか開催してみたいなと思っていました。

けれど、セミナーをやってみたい気持ちはあるものの、まだ内容もしっかり考えられておらず、「いつかやってみたいな〜」というぼんやりしたものです。

そんなときふと、以前一度だけ訪れたことのある写真印刷のお店のことが頭に浮かびました。そこは写真印刷だけでなく、小さなカフェも併設されていて素敵な空間です。

「せっかく開催するなら、会議室よりも、あのカフェのような雰囲気のある場所でやってみたい！　でもスペースの貸し出しはしていないようだし、開催できるのかな……」

まだセミナーを一度も開催したことのない私にとっては、ちょっと背伸びするような挑戦。「セミナーの内容もしっかり決まってないけれど、まずお店に電話をしてみて、ＯＫだったらきっとそのときが開催するタイミングなはず！　細かい内容はそこから考えよう！」。そう思い、まず電話をしてみました。すると、お店の方が「ちょうどカフェをレンタルスペースとして貸し出そうという話があり料金を決めたところなんですよ！」とおっしゃるのです。

なんというタイミング！

そこからトントンと話が進み、講座内容を練り、当日を迎えました。おかげさまで反響が大きく、いまでは開催１００回を超えるセミナーとなり、開催の2年後には、写真整理の著書を出版させていただくことになりました。すべてのはじまりは、「電話してみてＯＫだったら、そのときがタイミング」と電話をかけてみたこと。

「一度やってみてから、考える」。これは他のことにも通じます。頭で考えすぎて、細かいことを決めるのに時間がかかって前に進めないよりは、まず一度動いてみる。それでうまくいったなら、前に進むべきタイミング。いつも、そう思うようにしています。

働くうえでの、子どもとの向きあい方

「おかーしゃん、きょお、おしごと？」

子どもたちが1歳半のとき仕事に復帰して、半年たったころのこと。双子たちが交代で風邪《かぜ》をひき、丸々1週間保育所を休むことに。私は、会社を1日半、休ませていただいたものの、さすがにずっとは休めなくて、義理の両親に預かってもらい、出社。そんなタイミングでの息子の一言でした。

「おかーしゃん、きょお、おしごと？」。その言葉には、「おかあさん、今日はお仕事じゃないよね？　おうちにいてくれるよね？」、そんな意味が込められているように感じました。泣き叫ぶ息子を前に、私は玄関を出て、泣きました。駅までの道すがらも、涙が止まりませんでした。

「私は何のために仕事をしているのだろう？」

子どもより大切な仕事なんてない。そんなこと、わかっているけれど、でもここまでがんばってきたんだし、そして会社の人にも迷惑がかかってしまうのではないか。

会社の上司や同僚には本当に恵まれていて、「子どもが小さいんだから仕方ないよ。いまはそういうときよ」。そう言って慰めてくれるのです。とても恵まれてありがたいはずなのに、優しくされればされるほど、罪悪感を感じてしまっていました。

きっと、ワーキングマザーが一度は通る道。悩んで迷って、そうやってみんな進んでいくうちに、子どもたちも風邪をひかない強い体になって、大きくなっていく。子どもたちが大きくなったいまではそれがわかるけれど、当時の私にはわからなかったのです。

わがままだけれど、仕事は続けたい、子どもと向きあう時間も大事にしたい。そんな私は、「働き方を変える」という選択をしました。会社員として復帰して1年がたったころのことでした。

ワーキングマザー歴6年の私がいま思うのは、「ごめんね、お母さん今日も仕事なの」「保育所に預けてごめんね」「遅い時間のお迎えでごめんね」……。ごめんね、ごめんね、と親が思うと、子どもに伝わるのだなということ。

私の仕事が忙しくなり、「ごめんね」と思ったら、子どもたちのけんかやイヤイヤが増えてしまうのです。

そんな時期を何度も繰り返して、それを越えて、いまは、「今日もお仕事がんばってくるよ！」と言えるようになりました。

「ごめんね」と自分自身が思っていたら、子どもにも伝わってしまう。そうではなく、「おとうさんもおかあさんも一生懸命がんばってくるよ。仕事は大変なこともあるけれど、楽しいことのほうが多いんだよ。みんなそれぞれ1日がんばって、またおうちに帰ってこようね」。

その時々で働く環境は変わるかもしれない。だけど、自分自身がそうだったように、いつのときも、働く背中を子どもたちに見てもらい、大きくなったときに何かを感じてもらえたらと、そう、思っています。

夜と土日は、「仕事をしない」ルール

子どもと過ごす時間も大切にしながら、働く姿を子どもたちに背中で見せたい。そんな想いもあって、フリーランスとなりました。

独立した当初は、お仕事をいただけることがありがたくて、ほぼすべてをお受けしていました。締め切りに間に合わせるために寝る時間を削ったり、子どもたちが起きているときでもメールチェックをしたり……。

そんな日々を繰り返すうちに、子どもたちにも影響が出てきました。「イヤイヤ」が増える、双子同士のけんかがはじまる。子どもたちと過ごす時間を大事にしたいと思って独立したのに、これでは本末転倒です。

はじめは、書籍をつくるにも、雑誌の取材にも、いったいどのくらいの時間が必要なのか見当もつかず時間に振り回されていました。けれども3年が過ぎたころから、ひとつひとつ仕事の時間がだいぶ読めるようになりました。先への不安はもちろんあるけれど、「いまの自分には、ここまで」というルールを設けることにしました。

無理して仕事をお受けすれば、それはきっと結果に現れる。がんばりどきはもちろんあるけれど、がんばりすぎてはいけないと——。

そして私は、「夜と土日は基本的には仕事をしない」ということを決めました。

仕事は毎日8時から17時まで。夜は子どもと一緒に早寝します。「フリーランスなのに？」と驚かれることもあるけれど、それがいまの私のスタイルです。

また、スマートフォンに振り回されないことも大切。仕事の電話やメールは音が鳴るとどうしても気になってしまうので、設定機能を使って、毎晩21時から朝の5時までは、「おやすみモード」になるようにしています。これで、緊急の連絡しか音が鳴りません。

自分にとって何が大切で、どうしていきたいか。仕事はもちろん大事だけれど、家族があってこその仕事です。自分や家族を大事にできていなければ、誰かのお役に立てる記事は書けないし、暮らしの役に立つ良い商品も生み出せないのではないか、と。

つい、仕事を詰め込みそうになったときは、そんなふうに自分に言い聞かせています。

17：00退社。明日気持ちよく出社するために机の上を整えてから。

自分の出した答えに自信を持つ

独立して3年目。ちょうど夫と一緒に仕事をはじめたころのことです。

私ひとり、東京へ向かう新幹線の車内でパソコンを開いて仕事をしているとき、昔のメールを検索する必要があり、メールボックスを開きました。そのとき、たまたま目に入った、3年前のメールを見て、人目をはばからず涙を流してしまいました。

それは、8年勤めた会社を退職するときに、上司からいただいたメールでした。

「ちゃんとした子!!
私にとってのあなたの印象はこんな感じですかね
思えば第一印象からずっとですね
だから色々考えたんでしょうね

迷ったんでしょうね
でも結論を出したんですね
長い人生で何度も何度も迷って迷って考えて
結論を出す場面がありますよね
いつも自分の出した結論（判断）は絶対に正しい！
結論を出したらそんなふうに思うことにしてます
ちゃらんぽらんな私ですらそんなふうです
あまり思いつめたらあかん
息抜きしてね
自分も子どもたちと同じぐらい大切にこれからの人生を楽しんでください
短い期間だったけど君と仕事ができて良かった
ありがとう」

じつは、ちょうどそのころ、夫と一緒に仕事を進めるなかで、お互い思うようにいかないことがたくさんあり、「私たちが出した、『一緒に働く』という結論は本当に正しかったの?」「もしかしたらお互い別の仕事をしていたほうが良かったのかも?」。そんなふうに思っていたこともあり、そのメールが胸に響きました。

とても良い上司に恵まれていたのだと改めて思いました。時々、あのあったかい会社を懐かしく思うこともあるけれど、自分を信じて結論を出したからこそ、「いま」があるのですよね。

「辞めようかどうしようか」「続けようかどうしようか」「子育てに専念しようかどうしようか」「仕事を新しくはじめようかどうしようか」……。

何か大きな決断を迫られたとき、誰かに相談することも大切です。けれども、色々なアドバイスを受け入れつつも、最後に決めるのは自分自身。

根拠はなくても自信を持って「自分が出した結論は絶対に正しい!」と、そう思うことも大切。そしてもし、間違っていたとあとから気がついたなら、そのとき修正すればいい。それもまた、そのとき出した判断が正しいということなのですよね。

オフィスの靴置き場にて。スタッフ出勤前、夫と私の靴。今日も1日がんばろう。

「今すぐやる」とうまくいく

会社員時代のこと。ある会議が終わったあと、先輩が、情報を共有できるよう、その会議のまとめをその場でメンバーへメールしてくださったことがあったのです。

たったいま終わったばかりの会議。これから議事録をまとめようかな、そんなときに。

その方は、ワーキングマザーで、仕事も育児も上手にバランスをとっていらっしゃいました。そんな姿を見て、どんなふうに仕事の時間を捉えていらっしゃるのか、質問をしてみたことがありました。すると先輩は、

「判断しなければならないことや、次回までに考えてくる宿題は、その会議中にすべて決めるようにしているよ」と教えてくださいました。

「会議が終わってから、あとでまとめよう」

「次までに考えてくることは、あとで考えよう」

人は、ついつい後回しにしてしまうものです。

当時の私も「あとで考えれば、もっといいアイデアが出るかもしれない」なんて思いながら、そのまま次の会議当日を迎えたり……。そんなこともありました。でも結局のところ、最初の会議中に「決める」「まとめる」「持ち越さない」と意識すれば、その時間内で意外とできるものなのですよね。

「あとで」を置いておかない。すぐ決める、すぐ判断する。

この考え方は、その後の私の仕事スタイルはもちろん、家事にもとても影響がありました。

たとえば、保育所で渡された書類でも、「家で書いて、明日提出しよう」と考えず「その場で書いてすぐ提出しよう！」となったり、家のなかでは、洗濯機のフィルター掃除が気になったら、「あとでやろう」と考えずに、その場ですぐに綺麗にするように。

完璧にできたかどうかが大事なのではなく、少し大雑把でも「いますぐやる」「いますぐ決める」ことが大切なのですよね。そうしていくことで、さまざまなことが前へ前へと進んで、仕事や暮らしに良い循環が生まれるのだと思います。

#「いままでのあなたの人生は、運が良かった？」

こんな質問をされたら、あなたはどう答えますか？

先日、仕事でお世話になっている出版社の方からお伺いした話です。毎年、新入社員の面接をされているその方は、筆記試験、面接と色々な角度から採用試験をするけれど、最後にひとつ聞く質問があるそうです。それが、

「いままでのあなたの人生は、運が良かった？」

本当に運が良かったかどうかはひとまず置いておいて、その質問に対して、

「はい！ ラッキーな人生でした！」「人の縁に恵まれてきました！」

と、すぐに答えられるポジティブな人のほうが、入社後、ぐんぐん成長するし、長続きす

るのだそう。あくまでも私の経験則だけれど、とおっしゃっていました。

なるほどな、と妙に納得。仕事をしていれば、自分にとって不本意な異動や、自分のできる範囲を超える仕事を任されたりと、難しい壁が立ちはだかったり、理不尽な思いをすることもある。だけれど、長い目で見ればその経験が後々生きてくる。目の前で起こったことを、「きっとこれは意味のある異動なはず！」「しんどかったけれど、いい経験になったな！」と、ポジティブに受け止められる人と一緒に仕事ができるのは、周囲のみんなにとってもいいことですよね。

私も、13年の仕事人生のなかで、いつも順風満帆《じゅんぷうまんぱん》だったわけではありません。たくさんのトラブルや仕事のことを考えすぎて、夢のなかに仕事が出てくる日もある。だけれど、「人の縁」には本当に恵まれていたな、と心からそう思えます。「私の人生ついてるな！」って。「人から見たらそれはどうかわからないけれど、ラッキーだった！　きっとこれからもそう」と思いたい。大変なこともしんどいことも、きっとその先につながると信じて。

第5章 物事とのつきあい方を変える

「面倒くさい！」が暮らしをつくる

「洗い物したくないな〜」
「は〜。洗濯物たたむの面倒だな〜」
「爪切り、どこいったかな〜。探すの面倒だな〜」

日常での、「面倒くさいな〜」という気持ち、ありませんか？　私は、毎日の暮らしのなかでこんな気持ちを持つこと、正直いってあります。
「面倒くさい」「しんどい」「大変」……。

このネガティブな気持ちをそのままにしておくと、ただ愚痴をこぼしているだけで終わってしまいます。

でも、困っていることに気がついただけでもなかなかすごい！と思うのです。せっかくならその気持ちをポジティブにして、暮らしに活かしたい！「どうして面倒なのかな」と向きあい、捉え方を変えてみると、家の仕組みを変えるヒントになります。

洗い物が面倒！
←使う食器を減らしてみたら？
←朝食はワンプレートにしてしまおう！

トイレマットを洗うのが面倒！
←マットは持たずに床を拭くだけのほうがラクなのでは？

毎日やっている家事を、「なんとなく昔からそうだった」「面倒だけど、これが当たり前だと思っていた」ということがあれば、一度向きあってみるのが大切かもしれません。「面倒くさい」をそのまま放っておくのも、心がスッキリしませんよね。毎日を暮らしていくなら、少しでもストレスがなく、そして楽しいほうがいい。

私は、洗濯物をたたむのが苦手。だから、洗濯が終わればアルミハンガーに通し、そのままベランダに干す。乾いたら、たたまずハンガーのままクローゼットに引っ掛けて収納！というスタイルにしています。

たたむのが苦手な自分を受け入れて、たたまない収納を選択してみる。

「面倒くさい」という感情は、暮らしをより良くするためのヒントなのです。

「面倒」「大変」「しんどい」、そう思いながら、ずっと続けている家事があったなら、それを一度書き出して、自分や家族に合った仕組みを考えてみませんか？

洗濯物はアルミハンガーで統一。干して乾いたらたたまず、そのままクローゼット収納へ。

まっすぐに、でもしなやかでありたい

「まっすぐに、でもしなやかでありたい」

これは、大学時代の友人が教えてくれた言葉です。卒業から十数年がたったいまでも、時々思い出します。

誰にでも自分のこだわりやルールがあって、それは自分の軸として大切にしたい部分。だけど、まっすぐすぎるとそれは時として、ポキッと折れてしまうこともあります。

だから、自分の土台、軸、芯を、しっかりと持ちながらも、時には誰かのルールに乗ったり、こだわりを受け入れたり……。

そんなふうに、大きな流れのなかで、ゆるやかにでも前に進んでいけばそれでいいのではないか、と。

たとえば子育てをするなかでも、家庭によっては、「ファーストフードを食べるのはダメ」「テレビは見せない」など、さまざまなルールがあると思います。

子どものことを思って考えたルールは大切なことだけど、まっすぐすぎると、ルールを守ることが目的になって親も子どももしんどくなります。

時々はそれをゆるめて、まっすぐに、でもしなやかに。

2016年の春、双子たちが小学校1年生になりました。

毎日の洗濯物は自分でたたむ、お弁当箱と水筒は自分で流しに出す。これは、子どもたちが保育所のころから家族みんなで決めた、わが家のルールです。

けれども、これを毎日きちんと守るのが正解でもないと思うのです。入学したてのころは、子どもたちは新しい環境に馴染《なじ》むのに一生懸命です。だから、家族みんなで決めたルールだけれど、時にはゆるめてもいい。

小学校登校初日、帰ってきたら、甘えてひざに座ってみたり、わんわん泣いてみたり、けんかしてみたり。そんなとき、私が子どもに言ったのは、「今日は、がんばって疲れたね。お母さん、水筒とお弁当箱、流しに出してあげようか？　そうそう、洗濯物も今日はしんどかったら手伝ってあげるよ」。

子どもたちは嬉しそうで、ホッとした顔。

子どもの成長という大きな流れのなかで、時にゆるめながら、進んでいければそれでいいんじゃないかな。

仕事も、家庭も、子育ても、まっすぐに、でもしなやかでありたい。と、改めて思うこのごろなのです。

子どもたちそれぞれの洗濯かご。今日はたたまずに登校した日。そんな日も、やっぱりあります。

そもそも、それは必要ですか？

「みなさん、ご自宅の玄関を思い浮かべてみてください。下駄箱の前には何が置いてありますか？　傘は何本お持ちでしょうか？　靴は下駄箱から溢れていたりしませんか？」

開催している整理収納のワークショップでは、「玄関収納」に向きあっていただく機会を設けています。あるお客様は、「下駄箱の前に、いつからかずっと自転車の空気入れを置いていて、毎回扉をあけるのが大変」だと気づきました。そして、その空気入れをどこに収納するかで悩んでいる様子です。

そこで私が「空気入れは、年に何回くらい使いますか？」と質問したところ、いまはほとんど自転車に乗っていないので、空気入れを使うのは年に1、2回程度ということがわかりました。「お近くに自転車屋さんはありますか？」と聞くと、近くに1軒あるそうです。そこで、空気入れは手放し、必要なときは、その自転車屋で入れることにする！と、ご自身で決められました。

いま目の前にあるものを、「どこに収納しよう？」と悩む方は多いです。でも、「そもそも、それは必要なの？」

という視点で物事を考え、整理すると、本当に必要なものだけに絞られていきます。モノを持っていることが悪いとか、捨てなければいけない、というのではありません。自分にとって本当に必要な少しのモノに囲まれて過ごすほうが、豊かでシンプルな暮らしにつながるのだと思うのです。

もうひとつ、たくさんある長傘の収納に困っておられたお客様とのお話があります。狭い玄関に家族分の傘が置いてあり、晴れた日は邪魔になっている、ということでした。お客様ご自身で、「そもそも……」と振り返られたところ、「大人ばかりだし、長傘は必要ない。折りたたみ傘だけで十分！　それなら収納スペースもとらない」と気がつかれました。

答えは、それぞれのご家族のなかにあります。いろんな家族に共通する答えがあるわけではなく、ご家族それぞれで「そもそもこれって必要？」という視点で考えてみたら、新たな考え方が生まれるのです。

ちょうどいいモノの量は人それぞれ。
だから「そもそも必要？」は大切。

思っていることの「半分」やってもらって、ちょうどいい

フリーランスとなり、ひとりではじめたこの仕事。気がつけば、スタッフも少しずつ増え、現在は7名で仕事をしています。

自分ひとりですべてを決めていたころとは違って、「もうちょっとここまでやってほしいなあ」「自分だったらここまでやるのになあ」と、不足の気持ちが生まれることもありました。

そんなとき、経営者として何十年もやってきている友人のお母さんが、「えみちゃん、一緒に仕事してもらう人には、『半分』やってもらってちょうどいい、って思うのがいいよ」と教えてもらいました。

私の胸に引っ掛かっていたモヤモヤがスッと軽くなった言葉でした。仕事だから責任がある。いままでのやり方でなければお客様に満足してもらえないのではないかと、知らず知らずのうちに、スタッフに完璧を求めていることに気がついたのです。自分と全く同じ人間で

はないのだし、自分が求めることを完璧にやってもらうのは難しい。さらにいえば、自分の考えが必ずしも正解であるとは限りませんよね。

そこからは、一緒に仕事をしてもらえることに感謝し、求めることの100パーセントではなく、「半分」やってもらってちょうどいい、と考えることにしたのです。

すると自然に、スタッフの仕事の成果も私の想像を超えることが多くなりました。そして日に日に「嬉しい！」と感じるようになり、誰かの成長を素直に喜べるようにもなりました。新しい自分の発見につながったような気がしています。

思えば、家族もそうかもしれません。

ご主人やお子さんに対しても、ついつい求めすぎることってありませんか？「お皿洗いをやってほしい」「お風呂洗いもやってほしい」「子どもにもっと手伝ってもらいたい」……。

私も思い当たることがあるのですが、家のことでも「半分」やってもらってちょうどいいと考えるように心掛けたいと思っています。

そう思うことで心がスッと軽くなれる、私にとっての魔法の言葉「『半分』やってもらって、ちょうどいい」なのです。

時には、思い込みの枠をはずしてみる

ＯＵＲＨＯＭＥでは、「くらしのレッスンスタジオ」をつくり、整理収納のレッスンだけでなく、暮らしにまつわるさまざまなレッスンを開催しています。

メイクレッスンでの出来事――。

先生が、受講されたなかのおひとりに、「眉をもう少し長く描いたほうが、もっと綺麗になりますよ！」とアドバイスしました。すると、その方は「いままでその長さまで描いたことがなくて……」と、いつもとは違う、鏡に映るご自身の顔に戸惑っていました。

ところが、周囲のみなさんは、「すごくいい！　絶対その長さのほうが似合うよ！」と、最初の印象から、どんどん素敵に変わっていく姿を絶賛していました。

不思議なのですが、自分自身では「不自然だな」と思うことも、周りの人から見れば「すごくよく見える」ということってありますよね。思い込みの枠をはずしてみると、新しい自分を発見できるということなのかもしれません。

私もこのレッスンを通じて、自分自身を振り返り、自分も思い込みすぎているところがあるなと感じました。

たとえば、「前髪はないほうが私には似合っている」「スカートの丈はこれくらいしか似合わない」……。他の人にアドバイスをいただいても、「私には、ちょっと……」と思ってい る節《ふし》もありました。もちろん、自分なりのルールは必要だけれど、こだわりすぎるのも何か違うのだと、そのとき感じたのです。

ちょうどそのタイミングで、先生から「Ｅｍｉさん、前髪があるのも似合うと思いますよ!」と、一言。そこで、「せっかくお声かけいただいたのだし、一度やってみるのもいいかな?」と思えたのです。自分で決めつけすぎず、あとでいくらでも変えられることだし、素直にやってみよう!と。

似合っているかはさておき、約10年ぶりにつくった前髪は家族に大好評でした。とっても新鮮な気持ちで春を迎えました。こうでなければならない、こうあるべき、という思い込みを時には少しゆるめて、アドバイスを素直に聞いてみることも大切だなと感じています。

レッスンスタジオにて。
鏡に映る自分をじっと
見つめるのも新鮮。

「まあいっか!」という考え方

息子が5歳を少し過ぎたころのこと。保育所の担任の先生が、「昨日すごく嬉しいことがあったんですよ!」と、息子の様子を教えてくださいました。

当時の息子はというと、正義感が強く、決められたルールをしっかり守りたいほう。それはとてもいいことだけれど、一方で、堅すぎて、中途半端なことが許せないタイプ。少し融通がきかないといいますか……。

白か黒かいつもはっきりさせたくて、それは時に困ったことにもなります。

いつもなら、誰かお友達がいけないことをしていたら先生に忠告し(これは告げ口ともいう……)、どうにか正そうとするのです。「ぜったいにだめ! せんせいがだめっていってたやん!」。うーん、たしかにそれは正しいのだけれど……。

でも、昨日は、色々あって、どうしても自分の思うとおりにならなかったけど、「まあいっか！」と自分の口から言ったそう。そのことを先生が教えてくださいました。

「まあいっか！」

白か黒かはっきりさせることとは違う、グレーの部分。生きていくうえでは、このグレーという考え方、すごく大切なことですよね。

私自身もいま思えば、若いころ、そのグレーの部分が少なかったから、時々しんどいこともあったなあ、と思い出します。グレーの部分があると、誰かを許せたり、自分もラクになったり、いいことが多いのです。

私がそう気がついたのは、大きくなってからだったけれど、子どもたちには、「時には『まあいっか！』の部分があってもいいんだよ」と、少しずつ気づいていってくれるといいなと思っています。

毎日きっちり完璧に綺麗に片付いてなくてもいい。やらなきゃいけないことを、時には明日に持ち越したっていい。

白か黒か、できるかできないか、だけではなく、時には「まあいっか！」。

いったんすべてを受け入れて、捉え方を変える

会社員での育児休暇復帰後、1年で退社の道を選び、フリーランスとなった私は、最初は自宅で仕事をするスタイルを選びました。当時、子どもたちは3歳。私もまだ仕事をはじめたばかりで、外でオフィスを借りるなんて頭をよぎりもしなかった当初。そこから少しずつ仕事が増えはじめ、仕事とプライベートの切り換えのためにと、1DKの小さなオフィスを借りました。緑が青々と生い茂り、新しいアイデアがどんどん湧いてきそうな素敵な空間。はじめて自分のオフィスというものが持てて、すごく嬉しかった。

その後1年もたたずして、夫と共に仕事をすることになり、スタッフも増え、手狭になってきたころ、新しいオフィスを探す必要が出てきました。ネット検索で、気になる物件を絞り込みます。でも私がいいなと感じるデザインの物件はほとんど、事務所貸しがNGの一般的なマンションでした。だけれど、無理を承知でアタックしてみたところ、ひとつの物件が、

「仕事として使うのは日中だけだし、レッスンを開催するといった仕事内容ならOKですよ」と言ってくださったのです。言ってみるもんだな〜、本当に良かった！と、スタッフみんなで喜びました。新しいオフィスのために！と、大きめのグリーンを買ったり、物品の手配や準備も着々と。

ところが、契約書を交わす寸前の、ある大雨の日。先方から「やはり、騒音など、周囲住民の方の手前、この話はなかったことにしてください」と連絡が。

もう呆然《ぼうぜん》……。悲しくて、悲しくて。夫と2人、窓の外に降る大雨を見ながら、「ここまで決まったのに、それは……」と、いったんどん底まで落ち込みました。

だけれど、その事実を受け入れ、「いや、これはきっと、次のオフィスはこの場所じゃないということなんだ」と捉え方を変えることにしました。

そして早速、別の物件を検索しはじめようとしたところ、同じ日に「ちょうど新物件が出た」という情報が飛び込んできました。実は、それがいまのオフィスとなります。

ドアをあけ、入った瞬間に、ワクワクする感じ。「あぁ、ここだったのか！」という感覚です。内装は一般的な事務所だけれど、長方形のシンプルな形で、ここなら自分たちの手でなんとかリノベーションできるかもしれない！　ここをこんなふうにしてみたい！と次々にアイデアが湧いてきます。当時はスタッフもまだふたりしかいなかったけれど、ここで仕事ができるようがんばろう！と、スタッフみんなでペンキを塗り、ＤＩＹをしてオフィスをつくりました。出来上がったオフィスはみんなでつくり上げたから愛着が生まれたし、元々借りようと思っていた物件ではできなかったお店のスペースもつくれました。

計画していた方向に進んでいこうと思っていた矢先、突然何かにつまずくことってよくあります。最初は悲しかったり憤りを感じたりしながらも、別の道に進むことになります。けれども、後々思い返せば、こっちの道のほうが本当に良かった！と思えることばかりなのです。そんな経験を積んでいくうちに、これ以上前に進めない出来事に直面したときも、「あ、これはきっとこの道じゃないということを教えてくれたんだ」と気持ちを切り換えることができるようになっていきました。

事実を受け入れて、捉え方を変える――。悲しいこともあるけれど、いつまでも悩んでいる時間のほうがもったいない！　人の出会いも仕事も家庭も、うまくいかないときはただその道じゃなかっただけ。ただ捉え方を変えて、また次の道へ進めばいいのですよね！

日々、淡々と

先日、とある雑誌の撮影の合間の昼食時、ふと、人はなぜシンプルな暮らしをしたいと思うのか？という話になり、その日いらしてくださった編集者さんのお話が、心に残りました。

人生、生きていたら、山あり谷あり、色々あるけれど、ものすごくしんどいときでも、家のなかでの家事や暮らしのことを、日々、淡々と、淡々とこなしているうちに、自分のなかで、そのモヤモヤが消化されていく気がするんです。

だからこそ、淡々とこなせるような持ち物の量や、仕組みがシンプルであることが必要だと思います。そして、そう気がついたのは、すごく大人になってからだった――と。

日々、淡々と過ごすための、シンプルな仕組み。

胸に響きました。

ＯＵＲＨＯＭＥのコンセプトは、「家族のシアワセは、暮らしの基本となる『家』から」。暮らしのベースとなる「家」が、完璧とまでは言わないまでも、いつもだいたい整っていて、みんなが「ただいま！」と帰りたくなる家にしたい。

そのための、家族全員が使いやすくてシンプルな仕組み、家族みんなが好むインテリアを考えたいというのが私の理想。

「家」を土台として、家族みんながそれぞれの場所で活躍できるように――。

なんだか、今回聞いたお話と、私の考えはつながるような気がしました。私も、生きていくなかでしんどいこと、辛いことに「目をそむけたいな～」と思うこともあります。

でも、そんなときは、いったんどん底まで悲しんだり、落ち込んで、それを受け入れて、そして、日々、淡々と、目の前にある家事や育児をしていると、いつのまにか、前を向いているんですよね。

そのための受け皿や土台となる「家」がしっかりしていると、ふわふわとした自分、ダメな自分をやさしく受け入れてくれるような気がします。

洗いもの、洗濯、日々の家事を淡々と。また明日のために。

おわりに

最後までお読みいただき、ありがとうございました。

これまで出版した著書はすべて実用書。この本は、暮らしだけではなく、こころの内側を綴った、はじめての本となりました。

特効薬のように、効き目がすぐ現れるような本ではないけれど、漢方薬のようにじわじわと効き目のある本にしたい。読めば読むほど、何かを感じてもらえるような、そんな本になったらという思いを込めて書きました。

「書類収納はどうしたらいいですか？」
「ここに収納する答えを教えてほしい」

お客様と会話をしたり、お問い合わせいただくなかで、答えをすぐに教えてほしいという方が最近増えてきたように感じています。

答えをすぐにお教えするのは簡単なのですが、そうすると本当の意味でその方のお役には立てないなと感じることも増えてきました。単なる答えではなく、その答えを導き出すための考える方法をお伝えしていきたいなと。

私もまだまだこれからですが、この本を通じて、読んでくださった方が自分自身のことを見つめ直したり、振り返ったりするきっかけのひとつとなれたらとても嬉しいです。

出版にあたり、お声かけくださった、担当編集の渡邉さん、城崎さん、わが家の専属カメラマンのように毎回素敵な写真を撮ってくださる仲尾さん、関わってくださった全ての方へ感謝を込めて。

2016年7月

Emi

STBO

Emi

整理収納アドバイザー。「家族のシアワセは、暮らしの基本となる『家』から。」をコンセプトに、2008年ブログ「OURHOME」を開始。大手通販会社で、8年間の企画職を経た後、2012年独立。現在は、収納プランニング、各種セミナー開催、商品企画プロデュース、執筆活動など多彩に活躍。2015年には兵庫県西宮に「OURHOMEくらしのレッスンスタジオ」を立ち上げる。近著に『おかたづけ育、はじめました。』『子どもと一緒にこんなこと。』(以上、大和書房)、『スチールラックのすごい収納』(ワニブックス)などがある。暮らしや子育てのアイデアを発信し続けるブログ「OURHOME」は現在月間170万PV。NHK「あさイチ」「まる得マガジン」などメディアでも活躍の場を広げている。男女の双子の母。

HP　http://www.ourhome305.com/
ブログ　http://ourhome305.exblog.jp/

Staff
撮影／仲尾知泰（Ripcord）
ブックデザイン／細山田光宣＋藤井保奈（細山田デザイン事務所）
編集協力／株式会社PHPエディターズ・グループ

OURHOME
わたしの暮らし、かえる、かわる。

2016年8月3日　第1版第1刷発行

著　者　Emi
発行者　安藤　卓
発行所　株式会社PHP研究所
京都本部　〒601-8411　京都市南区西九条北ノ内町11
文芸教養出版部
生活文化課　☎075-681-9149（編集）
東京本部　〒135-8137　江東区豊洲5-6-52
普及一部　☎03-3520-9630（販売）
PHP INTERFACE　http://www.php.co.jp/

印刷所・製本所　図書印刷株式会社

ISBN978-4-569-83385-9